SOMON
BALIKLARIN KRALI

100 RİCETTE SEMPLICI SALMON KONUSUNDA AİLE BAŞINA

Ömer Güler

Tüm hakları Saklıdır.

Feragatname

Bu e-Kitapta yer alan bilgilerin, bu e-Kitabın yazarının hakkında araştırma yaptığı kapsamlı bir strateji koleksiyonu olarak hizmet etmesi amaçlanmaktadır. Özetler, stratejiler, ipuçları ve püf noktaları yalnızca yazar tarafından önerilir ve bu e-Kitabı okumak, kişinin sonuçlarının yazarın sonuçlarını tam olarak yansıtacağını garanti etmez. E-Kitabın yazarı, e-Kitabın okuyucularına güncel ve doğru bilgiler sağlamak için makul olan tüm çabayı göstermiştir. Yazar ve ortakları, bulunabilecek kasıtsız hata veya eksikliklerden sorumlu tutulamaz. E-Kitaptaki materyal, üçüncü taraflardan alınan bilgileri içerebilir. Üçüncü taraf materyalleri, sahipleri tarafından ifade edilen görüşleri içerir. Bu itibarla, eKitabın yazarı herhangi bir üçüncü şahıs materyali veya görüşü için sorumluluk veya yükümlülük kabul etmez.

İÇİNDEKİLER

GİRİŞ

somon nedir?

Somon, tipik olarak bulunduğu okyanusa göre sınıflandırılan yağlı bir balıktır. Pasifik'te Oncorhynchus cinsinin bir parçası olarak kabul edilirler ve Atlantik'te Salmo cinsine aittirler. Yalnızca bir göçmen Atlantik türü vardır, ancak Pasifik somonunun mevcut beş türü vardır: Chinook (veya kral), sockeye (veya kırmızı), koho (veya gümüş), pembe ve ahbap.

Somonun besinsel faydaları

100 gr somon porsiyonu (çiftlik, pişmiş ağırlık) şunları içerir:

A. 232 kcal / 969 kJ

B. 25.2 gr protein

C. 14.6 gr yağ

D. 7.3mcg D vitamini

E. 20mcg selenyum

SABAH KAHVALTISI

1. Tost Üzerine Füme Somon ve Krem Peynir

İçindekiler:

- 8 Fransız baget veya çavdar ekmeği dilimi

- $\frac{1}{2}$ fincan krem peynir yumuşatılmış

- 2 yemek kaşığı beyaz soğan, ince dilimlenmiş

- 1 su bardağı füme somon, dilimlenmiş

- $\frac{1}{4}$ bardak tereyağı, tuzsuz çeşit

- $\frac{1}{2}$ çay kaşığı İtalyan baharatı

- Dereotu yaprakları, ince kıyılmış

- Tatmak için biber ve tuz

Talimatlar:

a) Küçük bir tavada tereyağını eritin ve yavaş yavaş İtalyan baharatını ekleyin. Karışımı ekmek dilimlerine paylaştırın.

b) Ekmek kızartma makinesi kullanarak birkaç dakika kızartın.

c) Kızarmış ekmeğin üzerine biraz krem peynir sürün. Ardından somon füme ve ince kırmızı soğan dilimleri ile süsleyin. Kızarmış ekmek dilimlerinin tamamı bitene kadar işlemi tekrarlayın.

d) Servis tabağına alıp üzerine ince kıyılmış dereotu yapraklarını süsleyin.

2. Tost Üzerine Füme Somon ve Krem Peynir

Porsiyon: 5 porsiyon

İçindekiler

- 8 Fransız baget veya çavdar ekmeği dilimi
- $\frac{1}{2}$ fincan krem peynir yumuşatılmış
- 2 yemek kaşığı beyaz soğan, ince dilimlenmiş
- 1 su bardağı füme somon, dilimlenmiş
- $\frac{1}{4}$ bardak tereyağı, tuzsuz çeşit
- $\frac{1}{2}$ çay kaşığı İtalyan baharatı
- Dereotu yaprakları, ince kıyılmış
- Tatmak için biber ve tuz

Talimatlar:

a) Küçük bir tavada tereyağını eritin ve yavaş yavaş İtalyan baharatını ekleyin. Karışımı ekmek dilimlerine paylaştırın.

b) Ekmek kızartma makinesi kullanarak birkaç dakika kızartın.

c) Kızarmış ekmeğin üzerine biraz krem peynir sürün. Ardından somon füme ve ince kırmızı soğan dilimleri ile süsleyin. Kızarmış ekmek dilimlerinin tamamı bitene kadar işlemi tekrarlayın.

d) Servis tabağına alıp üzerine ince kıyılmış dereotu yapraklarını süsleyin.

3. Haşlanmış yumurtalı kızarmış ekmek üzerinde somon

İçindekiler

- 2 somon fileto

- 1 demet kuşkonmaz, ayıklanmış

- 2 kalın dilim kızarmış ekşi mayalı ekmek, taze kesilmiş

- 2 serbest gezinen yumurta

Talimatlar:

a) Filetoları dış poşetten çıkarın ve ardından (donmuş haldeyken ve ayrı poşetlerdeyken) filetoları bir tencereye koyun ve üzerini soğuk suyla kapatın. Kaynatın ve 15 dakika hafifçe pişirin.

b) Pişirildiğinde somon filetoları poşetlerinden çıkarın ve tabağı bir araya getirirken bir tabağa koyun.

c) Somon balığı pişerken hollandaise yapın. Yarısına kadar su doldurduğunuz bir tencerenin üzerine ısıya dayanıklı cam bir kap koyun ve kısık ateşte hafifçe kaynamaya bırakın. Şimdi ayrı bir küçük tavada tereyağını eritin ve ardından ocaktan alın.

d) Ayırdığınız yumurta sarılarını ılık suyun üzerine bir kaseye koyun ve çırpmaya başlayın, bunu yaparken beyaz şarap sirkesini azar azar ekleyin. Daha sonra eritilmiş tereyağını ekleyerek çırpmaya devam edin. Karışım, lezzetli, pürüzsüz, kalın bir sos oluşturmak için birleşecektir. Sos çok kalın görünüyorsa birkaç sıkma limon suyu ekleyin. Biraz tuz ve taze çekilmiş karabiberle hafifçe baharatlayın.

e) Bir tencereye su ısıtıcısından kaynar su doldurun ve orta ateşte hafif bir kaynamaya getirin, bir tutam deniz tuzu ekleyin. Yumurtaları ayrı ayrı kaplara kırın ve ardından yumurtaları birer birer eklemeden önce hareket etmesi için suyu karıştırın.

f) Yumuşak bir yumurta için 2 dakika, daha sert bir yumurta için 4 dakika pişmeye bırakın. Boşaltmak için oluklu bir kaşıkla tavadan çıkarın. Sonra sekiz dal kuşkonmazı kaynayan suya koyun ve yumuşayana kadar 1 - $1\frac{1}{2}$ dakika pişirin. Bu arada kızartmak için tostu koyun.

g) Ekmeği yağlayın ve üzerine kuşkonmaz mızrakları, ardından haşlanmış yumurta, bir veya iki kaşık hollandaise ve son olarak haşlanmış somon filetosu ekleyin.

h) Bir tutam deniz tuzu ve karabiber serpin ve hemen yiyin!

4. Somon ve yumurtalı kahvaltılık dürüm

Porsiyon: 1

İçindekiler

- 2 büyük İngiliz aslanı yumurtası, dövülmüş
- 1 yemek kaşığı kıyılmış taze dereotu veya frenk soğanı
- Bir tutam tuz ve taze çekilmiş karabiber
- Bir çiseleyen zeytinyağı
- 2 yemek kaşığı yağsız Yunan yoğurdu
- Biraz rendelenmiş kabuk ve bir miktar limon suyu
- 40 gr füme somon, şeritler halinde dilimlenmiş
- Bir avuç su teresi, ıspanak ve roka yaprağı salatası

Talimatlar:

a) Bir sürahide yumurta, ot, tuz ve karabiberi çırpın. Yapışmaz bir tavayı ısıtın, yağı ekleyin ve ardından yumurtaları döküm ve bir dakika veya üstteki yumurtalar tamamen katılaşana kadar pişirin.

b) Ters çevirin ve taban altın rengi olana kadar bir dakika daha pişirin. Soğutmak için bir tahtaya aktarın.

c) Yoğurdu limon kabuğu rendesi ve suyu ve bol karabiber ile karıştırın. Füme somonu yumurtalı dürümün üzerine yayın, yapraklarını üstüne koyun ve yoğurtlu karışımın üzerine gezdirin.

d) Yumurta sarısını sarın ve servis yapmak için kağıda sarın.

mezeler

5. Kremalı Patates Somon Lokmaları

Porsiyon: 10 porsiyon

İçindekiler:
- 20 adet bebek kırmızı patates
- 200 gram somon füme, lokma büyüklüğünde doğranmış
- 1 su bardağı ekşi krema
- 1 orta boy beyaz soğan, ince kıyılmış
- Tatmak için biber ve tuz
- Taze dereotu yaprakları, ince kıyılmış

Talimatlar:
a) Büyük bir tencerede suyu kaynatın, ardından tencereye 2 yemek kaşığı tuz ekleyin. Patatesleri tencereye koyun ve 8-10 dakika veya patatesler tamamen pişene kadar pişirin.
b) Patatesleri hemen tencereden çıkarın ve bir kaseye koyun. Pişirme işlemini durdurmak için üzerlerine soğuk su dökün. İyice süzün ve bir kenara koyun.
c) Orta boy bir kapta, malzemelerin geri kalanını birleştirin. Buzdolabında 5-10 dakika soğutun.
d) Bebek patatesleri ortadan ikiye kesip orta kısımlarını sıyırın. Toplanan patates etini soğutulmuş kremalı karışıma boşaltın. Malzemelerin geri kalanıyla iyice birleştirin.
e) Bir çay kaşığı veya sıkma torbası kullanarak patatesleri kremalı karışımla süsleyin.
f) Servis yapmadan önce daha ince kıyılmış dereotu yaprakları serpin.

6. Somon Füme Sos

Porsiyon: 4 porsiyon

İçindekiler:
- 1 su bardağı somon füme, doğranmış
- 1 su bardağı krem peynir, oda sıcaklığında
- $\frac{1}{2}$ su bardağı ekşi krema, yağı azaltılmış çeşit
- 1 yemek kaşığı limon suyu, taze sıkılmış
- 1 yemek kaşığı frenk soğanı veya dereotu, doğranmış
- $\frac{1}{2}$ çay kaşığı acı sos
- Tatmak için biber ve tuz
- Servis için Fransız baget dilimleri veya ince buğday krakerleri

Talimatlar:
a) Bir mutfak robotunda veya elektrikli karıştırıcıda krem peynir, ekşi krema, limon suyu ve acı sosu dökün. Pürüzsüz olana kadar karışımı çırpın.
b) Karışımı bir kaba aktarın. Doğranmış somon füme ve doğranmış frenk soğanı ekleyin ve iyice karıştırın.
c) Karışımı bir saat buzdolabına koyun, ardından daha fazla kıyılmış frenk soğanı ile süsleyin. Soğutulmuş somonu baget dilimleri veya ince krakerlerle servis edin.

7. Snack füme somon kanepeler

Verim: 1 porsiyon

Bileşen

- 6 ons Krem peynir (yumuşatılmış)

- 25 kanepe tabanı maydanoz

- 2 çay kaşığı Hazır hardal

- 4 ons Füme somon

Talimatlar:

a) Krem peynir ve hardalı karıştırın; karışımın bir kısmını kanepe altlıklarına ince bir şekilde yayın.

b) Her kanepeye bir parça somon yerleştirin, kalan karışımdan nokta koyun veya istenirse tüm krem peynir karışımını tabanın etrafına sıkın.

c) Her birinin üzerine bir dal maydanoz serpin.

8. Fırında somon kroket

Verim: 6 Porsiyon

Bileşen

- 2 yemek kaşığı Tereyağı; yumuşatılmış
- $1\frac{1}{2}$ pound Taze somon; pişmiş
- 2 su bardağı taze galeta unu
- 1 yemek kaşığı Frenk soğanı
- 1 yemek kaşığı Taze dereotu; kırpılmış
- $\frac{1}{2}$ Limon; kabuğu rendelenmiş
- 1 yumurta
- 1 su bardağı ağır krema
- $\frac{1}{2}$ çay kaşığı Tuz
- $\frac{1}{2}$ bardak Ekşi krema
- Havyar
- limon dilimleri

Talimatlar:

a) Kuşbaşı somonu bir kaseye koyun.

b) $\frac{3}{4}$ su bardağı galeta unu, yeşil soğan, dereotu, limon kabuğu rendesi, yumurta ve kremayı ekleyin. Bir çatalla hafifçe karıştırın. Tuz, karabiber ve acı biberle tatlandırın. Kalan yemek kaşığı tereyağı ile nokta.

c) Fincanları fırın tepsisine dizin. Kapların kenarlarına gelecek kadar sıcak su dökün. Oldukça sertleşene kadar pişirin ve yaklaşık 30 dakika ayarlayın.

d) 5 ila 10 dakika soğutun.

e) Kroketler kalıptan çıkarılmış, sağ tarafları yukarı gelecek şekilde veya ramekinlerde servis edilebilir. Her kroketin üzerine ekşi krema ve havyar ekleyin veya sadece limonla süsleyin.

9. Fırında somon paketleri

Verim: 4 Porsiyon

Bileşen

- 4 adet somon fileto
- 4 çay kaşığı Tereyağı
- 8 kekik dalı, taze
- 8 dal taze maydanoz
- 4 diş sarımsak, kıyılmış
- 4 yemek kaşığı Beyaz şarap, kuru
- $\frac{1}{2}$ çay kaşığı Tuz
- $\frac{1}{2}$ çay kaşığı Karabiber, öğütülmüş

Talimatlar:

a) Fırını 400 dereceye ısıtın. 4 büyük folyo parçasını parlak tarafı aşağı gelecek şekilde bir çalışma yüzeyine yerleştirin. İçine sebze pişirme spreyi sıkın. Her bir folyo parçasına bir balık filetosu yerleştirin. Kekik, maydanoz, sarımsak, tuz, karabiber ve şarabı balıklara eşit olarak paylaştırın.

b) Her filetoyu bir çay kaşığı tereyağı ile noktalayın ve ardından güvenli bir şekilde katlayın ve kenarlarını kapatın. Paketleri bir fırın tepsisine yerleştirin ve 10-12 dakika pişirin. Paketleri plakalara yerleştirin ve dikkatlice açın.

10. Siyah fasulye ve somon meze

Bileşen

- 8 Mısır ekmeği;

- 16 ons Mısır siyah fasulyesi;

- 7 ons pembe somon

- 2 yemek kaşığı aspir yağı

- $\frac{1}{4}$ su bardağı taze limon suyu

- $\frac{1}{4}$ fincan taze maydanoz; kıyılmış

- $\frac{1}{2}$ çay kaşığı Soğan tozu

- $\frac{1}{2}$ çay kaşığı kereviz tuzu

- $\frac{3}{4}$ çay kaşığı Öğütülmüş kimyon

- $\frac{3}{4}$ çay kaşığı Sarımsak; kıyılmış

- $\frac{1}{2}$ çay kaşığı Limon kabuğu rendesi; rendelenmiş

- $\frac{1}{4}$ çay kaşığı Kırmızı biber gevreği; kurutulmuş

- $\frac{1}{4}$ çay kaşığı Acı biber;

Talimatlar:

a) Fırını 350 dereceye kadar önceden ısıtın. Ekmeği üçgenler halinde kesin ve fırında yaklaşık 5 dakika gevrek olana kadar kızartın.

b) Fasulye ve somonu birleştirin, somonu bir çatalla pul pul dökün.

c) Kalan malzemeleri karıştırın; tatları karıştırmak için soğutun. Tortilla cipsi ile servis yapın

11. Somon ruloları

Verim: 6 porsiyon

Bileşen

- 6 Somon füme; ince dilimlenmiş
- 1 Hazır ekmek hamuru
- 1 yumurta; dövülmüş
- Yeşil soğan; ince doğranmış
- taze çekilmiş biber

Talimatlar:

a) Çözüldükten sonra, hazırlanan hamuru 9 inçlik bir daireye yuvarlayın.

b) Üstünü somon şeritleriyle kaplayın ve baharatları ekleyin.

c) Daireyi kama şeklinde parçalar halinde kesin ve her birini dış kenardan başlayarak sıkıca sarın. Ruloyu çırpılmış yumurta ile fırçalayın ve 425 derecede yaklaşık 15 dakika pişirin.

d) Meze olarak veya öğle yemeği ile sıcak servis yapın.

ANA DİL

12. Sihirli pişmiş somon

1 porsiyon yapar

İçindekiler

- 1 somon fileto
- 2 çay kaşığı Somon Büyüsü
- Tuzsuz tereyağı, eritilmiş

Talimatlar

a) Fırını 450 F'ye ısıtın.

b) Somon filetosunun üstünü ve yanlarını hafifçe eritilmiş tereyağı ile fırçalayın. Küçük bir sac tavayı hafifçe eritilmiş tereyağı ile fırçalayın.

c) Somon filetosunun üstünü ve yanlarını Salmon Magic ile baharatlayın. Fileto kalınsa, biraz daha Salmon Magic kullanın. Baharatı hafifçe bastırın.

d) Filetoyu tepsiye yerleştirin ve üst kısmı altın rengi kahverengi olana ve fileto tamamen pişene kadar pişirin. Nemli, pembe somon elde etmek için fazla pişirmeyin. Hemen servis yapın.

e) Pişirme süresi: 4 ila 6 dakika.

13. Narlı ve Kinoalı Somon

Porsiyon: 4 porsiyon

İçindekiler

- 4 somon filetosu, derisiz
- $\frac{3}{4}$ su bardağı nar suyu, şekersiz (veya az şekerli çeşit)
- $\frac{1}{4}$ fincan portakal suyu, şekersiz
- 2 yemek kaşığı portakal marmelatı/reçeli
- 2 yemek kaşığı sarımsak, kıyılmış
- Tatmak için biber ve tuz
- 1 su bardağı kinoa, paketine göre pişirilmiş
- Birkaç dal kişniş

Talimatlar:

a) Orta boy bir kapta nar suyu, portakal suyu, portakal marmelatı ve sarımsağı birleştirin. Tuz ve karabiber ekleyin ve tadı tercihinize göre ayarlayın.

b) Fırını 400F'ye ısıtın. Fırın tepsisini yumuşatılmış tereyağı ile yağlayın. Somonu filetolar arasında 1 inç boşluk bırakarak fırın tepsisine yerleştirin.

c) Somonu 8-10 dakika pişirin. Ardından tavayı dikkatlice fırından çıkarın ve nar karışımını dökün. Somonun üst kısmının karışımla eşit şekilde kaplandığından emin olun. Somonu tekrar fırına koyun ve 5 dakika daha veya tamamen pişene ve nar karışımı altın rengi bir sır haline gelene kadar pişirin.

d) Somon pişerken kinoayı hazırlayın. 2 su bardağı suyu orta ateşte kaynatın ve kinoayı ekleyin. 5-8 dakika veya su emilene kadar pişirin. Ateşi söndürün, kinoayı bir çatalla kabartın ve kapağı kapatın. Kalan ısının kinoayı 5 dakika daha pişirmesine izin verin.

e) Narlı somonu servis tabağına alın ve biraz taze kıyılmış kişniş serpin. Somonu kinoa ile servis edin.

14.   Fırında Somon ve Tatlı Patates

Porsiyon: 4 porsiyon

İçindekiler

- 4 somon filetosu, derisi alınmış
- 4 orta boy tatlı patates, soyulmuş ve 1 inç kalınlığında kesilmiş
- 1 su bardağı brokoli çiçeği
- 4 yemek kaşığı saf bal (veya akçaağaç şurubu)
- 2 yemek kaşığı portakal marmelatı/reçeli
- 1 1-inç taze zencefil topuzu, rendelenmiş
- 1 çay kaşığı Dijon hardalı
- 1 yemek kaşığı susam, kavrulmuş
- 2 yemek kaşığı tuzsuz tereyağı, eritilmiş
- 2 çay kaşığı susam yağı
- Tatmak için biber ve tuz
- Frenk soğanı/soğan, taze doğranmış

Talimatlar:

a) Fırını 400F'ye ısıtın. Fırın tepsisini eritilmiş tuzsuz tereyağı ile yağlayın.

b) Dilimlenmiş tatlı patatesleri ve brokoli çiçeklerini tavaya yerleştirin. Tuz, karabiber ve bir çay kaşığı susam yağı ile hafifçe baharatlayın. Sebzelerin hafifçe susam yağı ile kaplandığından emin olun.

c) Patatesleri ve brokoliyi 10-12 dakika pişirin.

d) Sebzeler henüz fırındayken tatlı jöleyi hazırlayın. Bir karıştırma kabına bal (veya akçaağaç şurubu), portakal reçeli, rendelenmiş zencefil, susam yağı ve hardalı ekleyin.

e) Fırın tepsisini dikkatlice fırından çıkarın ve balıklara yer açmak için sebzeleri yan tarafa yayın.

f) Somonu tuz ve karabiberle hafifçe baharatlayın.

g) Somon filetolarını fırın tepsisinin ortasına yerleştirin ve tatlı kremayı somon ve sebzelerin üzerine dökün.

h) Tavayı tekrar fırına verin ve 8-10 dakika daha veya somon çatalla yumuşayana kadar pişirin.

i) Somon, tatlı patates ve brokoliyi güzel bir servis tabağına alın. Susam tohumları ve taze soğan ile süsleyin.

15. Siyah Fasulye Soslu Fırında Somon

Porsiyon: 4 porsiyon

İçindekiler

- 4 adet somon filetosu, derisi ve kılçığı çıkarılmış
- 3 yemek kaşığı siyah fasulye sosu veya siyah fasulye sarımsak sosu
- $\frac{1}{2}$ su bardağı tavuk suyu (veya daha sağlıklı bir alternatif olarak sebze suyu)
- 3 yemek kaşığı sarımsak, kıyılmış
- 1 1-inç taze zencefil topuzu, rendelenmiş
- 2 yemek kaşığı şeri veya sake (veya herhangi bir yemeklik şarap)
- 1 yemek kaşığı limon suyu, taze sıkılmış
- 1 yemek kaşığı balık sosu
- 2 yemek kaşığı esmer şeker
- $\frac{1}{2}$ çay kaşığı kırmızı pul biber
- Taze kişniş yaprakları, ince kıyılmış
- Garnitür olarak taze soğan

Talimatlar:

a) Büyük bir fırın tepsisini yağlayın veya parşömen kağıdı ile aynı hizaya getirin. Fırını 350F'ye ısıtın.

b) Tavuk suyunu ve siyah fasulye sosunu orta boy bir kapta birleştirin. Kıyılmış sarımsak, rendelenmiş zencefil, şeri, limon suyu, balık sosu, kahverengi şeker ve pul biber ekleyin. Kahverengi şeker tamamen eriyene kadar iyice karıştırın.

c) Siyah fasulye sosunu somon filetolarının üzerine dökün ve en az 15 dakika somonun siyah fasulye karışımını tamamen emmesini sağlayın.

d) Somonu fırın tepsisine aktarın. 15-20 dakika pişirin. Somonun fırında fazla kurumamasına dikkat edin.

e) Kıyılmış kişniş ve taze soğan ile servis yapın.

16. Paprika Ispanaklı Izgara Somon

Porsiyon: 6 porsiyon

İçindekiler

- 6 pembe somon filetosu, 1 inç kalınlığında
- $\frac{1}{4}$ su bardağı portakal suyu, taze sıkılmış
- 3 çay kaşığı kuru kekik
- 3 yemek kaşığı sızma zeytinyağı
- 3 çay kaşığı tatlı toz kırmızı biber
- 1 çay kaşığı toz tarçın
- 1 yemek kaşığı esmer şeker
- 3 su bardağı ıspanak yaprağı
- Tatmak için biber ve tuz

Talimatlar:

a) Somon filetolarının her iki tarafına hafifçe zeytin sürün, ardından kırmızı biber tozu, tuz ve karabiber ekleyin. Oda sıcaklığında 30 dakika bekletin. Somonun kırmızı biber ovmasını emmesine izin vermek.

b) Küçük bir kapta portakal suyu, kuru kekik, toz tarçın ve esmer şekeri karıştırın.

c) Fırını 400F'ye ısıtın. Somonu folyo kaplı bir fırın tepsisine aktarın. Marinayı somona dökün. Somonu 15-20 dakika pişirin.

d) Büyük bir tavada bir çay kaşığı sızma zeytinyağı ekleyin ve ıspanağı yaklaşık birkaç dakika veya solana kadar pişirin.

e) Pişmiş somonu yanında ıspanakla servis edin.

17. Sebzeli Somon Teriyaki

Porsiyon: 4 porsiyon

İçindekiler

- 4 adet somon filetosu, derisi ve kılçığı çıkarılmış
- 1 büyük tatlı patates (veya sadece patates), lokma büyüklüğünde parçalar halinde kesilmiş
- 1 büyük havuç, ısırık büyüklüğünde parçalar halinde kesilmiş
- 1 büyük beyaz soğan, dilimler halinde kesin
- 3 büyük biber (yeşil, kırmızı ve sarı), doğranmış
- 2 su bardağı brokoli çiçeği (kuşkonmaz ile değiştirilebilir)
- 2 yemek kaşığı sızma zeytinyağı
- Tatmak için biber ve tuz
- Frenk soğanı, ince kıyılmış
- Teriyaki sosu
- 1 su bardağı su
- 3 yemek kaşığı soya sosu
- 1 yemek kaşığı sarımsak, kıyılmış
- 3 yemek kaşığı esmer şeker
- 2 yemek kaşığı saf bal
- 2 yemek kaşığı mısır nişastası (3 yemek kaşığı suda eritilmiş)
- $\frac{1}{2}$ yemek kaşığı kavrulmuş susam

Talimatlar:

a) Küçük bir tavada soya sosu, zencefil, sarımsak, şeker, bal ve suyu kısık ateşte çırpın. Karışım yavaş yavaş kaynayana kadar sürekli karıştırın. Mısır nişastalı suyu ilave edin ve karışım koyulaşana kadar bekleyin. Susam tohumlarını ekleyin ve bir kenara koyun.

b) Büyük bir fırın tepsisini tuzsuz tereyağı veya pişirme spreyi ile yağlayın. Fırını 400F'ye ısıtın.

c) Büyük bir kaseye tüm sebzeleri boşaltın ve üzerine zeytinyağı gezdirin. Sebzeler yağ ile iyice kaplanana kadar iyice karıştırın. Taze çekilmiş karabiber ve biraz tuzla tatlandırın. Sebzeleri fırın tepsisine aktarın. Sebzeleri yanlara doğru dağıtın ve fırın tepsisinin ortasında biraz boşluk bırakın.

d) Somonu fırın tepsisinin ortasına yerleştirin. Teriyaki sosunun 2/3'ünü sebzelere ve somona dökün.

e) Somonu 15-20 dakika pişirin.

f) Pişen somonu ve kavrulmuş sebzeleri güzel bir servis tabağına alın. Kalan teriyaki sosu dökün ve doğranmış taze soğan ile süsleyin.

18. Erişte ile Asya Usulü Somon

Porsiyon: 4 porsiyon

İçindekiler

Somon

- 4 somon filetosu, derisi alınmış
- 2 yemek kaşığı kavrulmuş susam yağı
- 2 yemek kaşığı saf bal
- 3 yemek kaşığı hafif soya sosu
- 2 yemek kaşığı beyaz sirke
- 2 yemek kaşığı sarımsak, kıyılmış
- 2 yemek kaşığı taze zencefil, rendelenmiş
- 1 çay kaşığı kavrulmuş susam
- Garnitür için doğranmış frenk soğanı

pirinç eriştesi

- 1 paket Asya pirinç eriştesi

Sos

- 2 yemek kaşığı balık sosu
- 3 yemek kaşığı limon suyu, taze sıkılmış
- Pul biber

Talimatlar:

a) Somon turşusu için susam yağı, soya sosu, sirke, bal, kıyılmış sarımsak ve susamı karıştırın. Somonun içine dökün ve balığın 10-15 dakika marine olmasına izin verin.

b) Somonu zeytinyağı ile hafifçe yağlanmış bir fırın tepsisine yerleştirin. 420F'de 10-15 dakika pişirin.

c) Somon fırındayken, pirinç erişetelerini paketteki talimatlara göre pişirin. İyice süzün ve ayrı kaselere aktarın.

d) Balık sosu, limon suyu ve pul biberi karıştırın ve pirinç erişetelerine dökün.

e) Her erişte kasesini taze pişmiş somon filetolarıyla doldurun. Frenk soğanı ve susam ile süsleyin.

19. Domatesli Sarımsak Suyunda Haşlanmış Somon

4 kişilik

İçindekiler

- 8 diş sarımsak
- arpacık
- çay kaşığı sızma zeytinyağı
- 5 olgun domates
- 1 1/2 su bardağı sek beyaz şarap
- 1 su bardağı su
- 8 dal kekik 1/4 çay kaşığı deniz tuzu
- 1/4 çay kaşığı taze karabiber
- 4 Copper River Sockeye Somon filetosu beyaz trüf yağı (isteğe bağlı)

Talimatlar

a) Sarımsakları ve arpacık soğanları soyun ve kabaca doğrayın. Kapaklı büyük bir kızartma kabına veya sote tavasına zeytinyağını, sarımsağı ve arpacık soğanlarını koyun. Orta-düşük ısıda yumuşayana kadar yaklaşık 3 dakika terleyin.

b) Domates, şarap, su, kekik, tuz ve karabiberi tencereye alıp kaynatın. Kaynattıktan sonra, ısıyı bir kaynamaya düşürün ve örtün.

c) 25 dakika kadar domatesler suyunu bırakıp çekene kadar pişirin. Tahta kaşık veya spatula ile domatesleri ezerek püre haline getirin. Et suyu biraz azalana kadar 5 dakika daha kapağı açık olarak pişirin.

d) Et suyu kaynamaya devam ederken somonu et suyuna koyun. Örtün ve sadece balık kolayca pul pul dökülene kadar 5 ila 6 dakika haşlayın. Balıkları bir tabağa koyun ve bir kenara koyun. Süzgeci geniş bir kaseye yerleştirin ve kalan suyu süzgecin içine dökün. Kalan katıları atarak suyu süzün. Et suyunu tadın ve gerekirse tuz ve karabiber ekleyin.

e) Sade tereyağlı patates püresi ve hatta kavrulmuş patates bu yemeğin iyi bir yanıdır. Ardından sotelenmiş kuşkonmaz ve haşlanmış somonu ekleyin.

f) Süzülmüş suyu somonun etrafına dökün. İsterseniz bir çiseleyen beyaz trüf yağı ekleyin. Servis yapmak.

20. Haşlanmış Somon

İçindekiler

- Küçük somon filetosu, yaklaşık 6 ons

Talimatlar

a) 5-6 inçlik küçük bir kızartma tavasına yaklaşık yarım inç su koyun, üzerini kapatın, suyu kaynatmak için ısıtın, ardından filetoyu dört dakika boyunca üstü kapalı olarak koyun.
b) Somona veya suya istediğiniz baharatı ekleyin.
c) Dört dakika, merkezi pişmemiş ve çok sulu bırakır.
d) Filetoyu biraz soğumaya bırakın ve bir buçuk inç genişliğinde parçalar halinde kesin.
e) Marul (herhangi bir tür) iyi domates, güzel olgun avokado, kırmızı soğan, kruton ve herhangi bir lezzetli sos içeren bir salataya ekleyin.

21. Yeşil Bitki Salsa ile Haşlanmış Somon

Porsiyon: 4 porsiyon

İçindekiler

- 3 su bardağı su
- 4 yeşil çay poşeti
- 2 büyük somon filetosu (her biri yaklaşık 350 gram)
- 4 yemek kaşığı sızma zeytinyağı
- 3 yemek kaşığı limon suyu, taze sıkılmış
- 2 yemek kaşığı maydanoz, taze kıyılmış
- 2 yemek kaşığı fesleğen, taze doğranmış
- 2 yemek kaşığı kekik, taze doğranmış
- 2 yemek kaşığı Asya frenk soğanı, taze doğranmış
- 2 çay kaşığı kekik yaprağı
- 2 çay kaşığı sarımsak, kıyılmış

Talimatlar:

a) Büyük bir tencerede suyu kaynatın. Yeşil çay poşetlerini ekleyin ve ardından ocaktan alın.

b) Çay poşetlerinin 3 dakika demlenmesine izin verin. Çay poşetlerini tencereden çıkarın ve çay demlenmiş suyu kaynatın. Somonu ekleyin ve ısıyı düşürün.

c) Orta kısımda opak hale gelene kadar somon filetolarını haşlayın. Somonu 5-8 dakika veya tamamen pişene kadar pişirin.

d) Somonu tencereden çıkarın ve bir kenara koyun.

e) Bir blender veya mutfak robotunda, tüm taze doğranmış otları, zeytinyağını ve limon suyunu boşaltın. Karışım pürüzsüz bir macun haline gelene kadar iyice karıştırın. Hamuru tuz ve karabiberle tatlandırın. Gerektiğinde baharatları ayarlayabilirsiniz.

f) Haşlanmış somonu geniş bir tabakta servis edin ve üzerine taze bitki ezmesini ekleyin.

22.   Yapışkan pirinç ile haşlanmış somon

Verim: 1 porsiyon

İçindekiler

- 5 su bardağı zeytinyağı
- 2 Baş zencefil; ezilmiş
- 1 baş sarımsak; ezilmiş
- 1 demet Taze Soğan; şeritli
- 4 adet somon; (6 ons)
- 2 su bardağı Japon pirinci; buğulanmış
- $\frac{3}{4}$ fincan Mirin
- 2 yeşil soğan; şeritli
- $\frac{1}{2}$ su bardağı kurutulmuş kiraz
- $\frac{1}{2}$ su bardağı Kuru yaban mersini
- 1 yaprak nori; ufalanmış
- $\frac{1}{2}$ bardak Limon suyu
- $\frac{1}{2}$ bardak Balık suyu
- $\frac{1}{4}$ bardak Buzlu şarap
- $\frac{3}{4}$ su bardağı Üzüm çekirdeği yağı
- $\frac{1}{2}$ fincan Havada kurutulmuş mısır

Talimatlar

a) Bir tencerede zeytinyağını 160 dereceye getirin. Ezilmiş zencefil, sarımsak ve yeşil soğanı ekleyin. Karışımı ocaktan alın ve 2 saat demlenmeye bırakın. Gerginlik.

b) Pirinci buharda pişirin ve ardından mirinle tatlandırın. Soğuduktan sonra, şeritli yeşil soğanları karıştırın. Zeytinyağını 160 dereceye getirin. Ezilmiş zencefil, sarımsak ve yeşil soğanı ekleyin. Çilekleri ve deniz yosununu alın.

c) Sosu yapmak için limon suyunu, balık suyunu ve buzlu şarabı kaynatın. Ateşten alın ve üzüm çekirdeği yağında karıştırın. Tuz ve karabiber serpin.

d) Balığı haşlamak için derin bir tencerede haşlama yağını yaklaşık 160 dereceye getirin. Somonu tuz ve karabiberle tatlandırın ve tüm balık parçasını yavaşça yağa daldırın. Yaklaşık 5 dakika veya nadir-orta duruma gelene kadar yavaşça haşlamaya bırakın.

e) Balık pişerken pirinç salatasını bir tabağa alın ve üzerine limon sosu gezdirin. Haşlama işlemi bittiğinde haşlanmış balığı pirinç salatasının üzerine koyun.

23. Narenciye Somon Fileto

4 kişiye hizmet verir

İçindekiler

- $\frac{3}{4}$ kg Taze somon fileto
- 2 yemek kaşığı Manuka aromalı veya sade bal
- 1 yemek kaşığı taze sıkılmış limon suyu
- 1 yemek kaşığı taze sıkılmış portakal suyu
- $\frac{1}{2}$ yemek kaşığı Kireç kabuğu rendesi
- $\frac{1}{2}$ yemek kaşığı portakal kabuğu rendesi
- $\frac{1}{2}$ tutam tuz ve karabiber
- $\frac{1}{2}$ Kireç dilimlenmiş
- $\frac{1}{2}$ Portakal dilimlenmiş
- $\frac{1}{2}$ avuç Taze Kekik ve Mikro Otlar

Talimatlar

a) Yaklaşık 1,5 kg + Taze Regal Somon Fileto kullanın, Derisi açık, kemiği çıkarılmış.
b) Portakal, Misket Limonu, Bal, Tuz, karabiber ve kabuğu rendesini ekleyin - iyice birleştirin
c) Pişirmeden yarım saat önce filetoyu bir pasta fırçası ve sıvı narenciye ile kaplayın.
d) Portakal ve Limonu ince ince dilimleyin
e) 190 derecede 30 dakika pişirin, sonra kontrol edin, somonunuzu nasıl tercih ettiğinize bağlı olarak 5 dakika daha gerekebilir.
f) Fırından çıkarın ve Taze Kekik ve Mikro otlar serpin

24. somon lazanya

4 kişiye hizmet verir

İçindekiler

- 2/3 kısım(lar) Kaçak avlanma için süt

- 2/3 gram pişmiş lazanya yaprakları

- 2/3 su bardağı taze dereotu

- 2/3 su bardağı bezelye

- 2/3 su bardağı Parmesan

- 2/3 Top Mozzarella

- 2/3 Sos

- 2/3 Paket Bebek Ispanak

- 2/3 su bardağı krema

- 2/3 çay kaşığı(lar) hindistan cevizi

Talimatlar

a) İlk olarak beşamel ve ıspanak soslarını yapın ve somonu haşlayın. Beşamel sos için tereyağını küçük bir sos tavasında eritin. Unu karıştırın ve sürekli karıştırarak köpürene kadar birkaç dakika pişirin.

b) Ilık sütü yavaş yavaş ekleyin, sos pürüzsüz olana kadar sürekli çırpın. Sos kalınlaşana kadar sürekli karıştırarak hafif bir kaynamaya getirin. Tuz ve karabiberle tatlandırın.

c) Ispanak sosu yapmak için ıspanakları ayıklayıp yıkayın. Yapraklara hala yapışmış su ile ıspanağı büyük bir tencereye koyun, kapağını kapatın ve yapraklar tamamen solana kadar hafifçe pişirin.

d) Fazla suyu boşaltın ve sıkın. Ispanağı bir karıştırıcıya veya mutfak robotuna aktarın, krema ve hindistan cevizi ekleyin. Birleştirmek için nabız atın, ardından tuz ve karabiber ekleyin.

e) Fırını 180degC'ye ısıtın. Büyük bir fırın tepsisini yağlayın. Somonu yeni pişene kadar sütte hafifçe haşlayın ve ardından büyük parçalara ayırın. Sütü atın.

f) Fırın tepsisinin altını 1 su bardağı beşamel sos ile ince bir şekilde kaplayın.

g) Sosun üzerine üst üste gelecek şekilde lazanya yapraklarını yayın, ardından bir kat ıspanak sosu üzerine yayın ve somon parçalarının yarısını bunun üzerine eşit şekilde yerleştirin. Biraz kıyılmış dereotu serpin. Bir kat daha lazanya ekleyin, ardından bir kat beşamel sos ekleyin ve pürüzlü bir kaplama için üzerine bezelye serpin.

h) Katmanları tekrar tekrarlayın, böylece lazanya, ıspanak ve somon, dereotu, lazanya, beşamel sos ve ardından bezelye. Son bir kat lazanya, ardından ince bir beşamel sosu tabakası ile bitirin. Üzerine rendelenmiş parmesan peyniri ve taze mozzarella parçaları ekleyin.

i) Lazanyayı 30 dakika veya sıcak olana kadar pişirin ve

25. Teriyaki Somon Fileto

4 kişiye hizmet verir

İçindekiler

- 140 gram 2 x ikiz Regal 140g Taze somon porsiyonları
- 1 su bardağı (su bardağı) pudra şekeri
- 60 ml soya sosu
- 60 ml mirin baharatı
- 60 ml mirin baharatı
- 1 paket organik udon erişte

Talimatlar

a) 4 x 140g Taze Regal somonu pudra şekeri, soya sosu ve mirin sosuyla marine edin, 3 malzemeyi iyice karıştırın ve somonun üzerinde 30 dakika bekletin.

b) Suyu kaynatın ve organik udon eriştelerini ekleyin ve 10 dakika hızla kaynamasını sağlayın.

c) Arpacık soğanları ince ince dilimleyin ve kenara alın.

d) Somon fileto kısımlarını bir kızartma tavasında orta ila yüksek ateşte 5 dakika pişirin, ardından bir yandan diğer yana çevirin ve fazla sosu üzerine dökün.

e) Erişte hazır olduğunda tabağa yayın, üzerine somonu ekleyin

26. Kapari Soslu Çıtır Derili Somon

4 kişiye hizmet verir

İçindekiler

- 4 Taze NZ Somon Fileto 140g porsiyon
- 200 ml Premium zeytinyağı
- 160 ml Beyaz balzamik sirke
- 2 diş ezilmiş sarımsak
- 4 yemek kaşığı doğranmış kapari
- 4 yemek kaşığı kıyılmış maydanoz
- 2 yemek kaşığı kıyılmış dereotu

Talimatlar

a) Somon filetolarını 20 ml zeytinyağına bulayın ve tuz ve karabiber ekleyin.

b) Yapışmaz bir tavada yüksek ateşte 5 dakika üstten alta ve yan yana çevirerek pişirin.

c) Kalan malzemeleri bir kaseye koyun ve çırpın, bu sizin sosunuz, somon piştikten sonra, somonu fileto üzerine, derisi yukarı gelecek şekilde kaşıklayın.

d) Armut, ceviz, hellim ve roka salatası ile servis yapın

27. Havyarlı Somon Fileto

4 kişiye hizmet verir

İçindekiler

- 1 çay kaşığı Tuz
- 1 limon dilimleri
- 10 Arpacık (soğan) soyulmuş
- 2 yemek kaşığı Soya yağı (fırçalamak için ekstra)
- 250 gr ikiye bölünmüş Cherry Domates
- 1 Küçük Yeşil Biber ince dilimlenmiş
- 4 yemek kaşığı Kireç Suyu
- 3 yemek kaşığı balık sosu
- 1 yemek kaşığı Şeker
- 1 avuç kişniş dalı
- 1 1/2kg Taze Somon Fileto s/açık b/out
- 1 Kavanoz Somon Yumurtası (Havyar)
- 3/4 Salatalık Soyulmuş, Uzunlamasına ikiye bölünmüş, çekirdekleri çıkarılmış ve ince dilimlenmiş

Talimatlar

a) Fırını 200°C'ye ısıtın, ancak seramik bir kapta dilimlenmiş salatalık, tuzla birlikte 30 dakika turşu yapmasına izin verin.

b) Arpacıkları küçük bir kızartma kabına koyun, soya yağını ekleyin, iyice karıştırın ve yumuşayana ve iyice kızarana kadar 30 dakika fırında pişirin.

c) Fırından çıkarın ve soğumaya bırakın, bu arada tuzlu salatalığı bol soğuk akan su altında iyice yıkayın, avuç avuç sıkın ve bir kaseye koyun.

d) Fırın ızgarasını çok sıcak olacak şekilde önceden ısıtın, arpacıkları ikiye bölün ve salatalığa ekleyin.

e) Domates, kırmızı biber, limon suyu, balık sosu, şeker, kişniş dalları ve susam yağını ekleyip iyice karıştırın.

f) Tat - gerekirse tatlıyı şeker ve limon suyu ile ayarlayın - bir kenara koyun.

g) Somonu yağlı pişirme kağıdına koyun, somonun üzerine fırçayla soya yağı sürün, tuz ve karabiber ekleyin, ızgarada 10 dakika veya sadece pişene ve hafifçe kızarana kadar yerleştirin.

h) Fırından çıkarın, bir tabağa kaydırın, üzerine domates ve salatalık karışımı ve bir kaşık Somon Yumurtası serpin.

i) Kireç Dilimleri ve Pirinç ile servis yapın

28. Hamsi ızgara somon biftek

Verim: 4 porsiyon

Bileşen

- 4 Somon bifteği

- Maydonoz dalı

- Limon dilimleri ---hamsi ezmesi-----

- 6 adet hamsi filetosu

- 2 yemek kaşığı Süt

- 6 yemek kaşığı Tereyağı

- 1 damla Tabasco sosu

- Biber

Talimatlar

a) Izgarayı yüksek ısıya önceden ısıtın. Izgara rafını yağlayın ve eşit bir ısı sağlamak için her bifteği yerleştirin. Her bifteğin üzerine küçük bir parça Hamsi Ezmesi koyun (karışımın dörtte birini dörde bölün). 4 dakika ızgara yapın.

b) Biftekleri bir balık dilimi ile çevirin ve tereyağının dörtte birini bifteklerin arasına koyun. İkinci tarafta 4 dakika ızgara yapın. Isıyı azaltın ve biftekler inceyse daha az olmak üzere 3 dakika daha pişmesine izin verin.

c) Her bifteğin üzerine düzgünce düzenlenmiş hamsi yağı ile servis yapın.

d) Maydanoz dalları ve limon dilimleri ile süsleyin.

e) Hamsi Ezmesi: Tüm hamsi filetolarını süte batırın. Bir kasede tahta kaşıkla krema kıvamına gelene kadar ezin. Tüm malzemeleri birlikte krema haline getirin ve soğutun.

f) 4 kişilik.

29. Barbekü tütsülenmiş somon

Verim: 4 Porsiyon

Bileşen

- 1 çay kaşığı Rendelenmiş kireç kabuğu

- $\frac{1}{4}$ su bardağı limon suyu

- 1 yemek kaşığı Bitkisel yağ

- 1 çay kaşığı Dijon hardalı

- 1 tutam Biber

- 4 Somon bifteği, 1 inç kalınlığında [1-1/2 lb.]

- ⅓su bardağı kavrulmuş susam

Talimatlar

a) Sığ tabakta limon kabuğu ve suyu, yağ, hardal ve karabiberi birleştirin; kaplamak için çevirerek balık ekleyin. Örtün ve ara sıra çevirerek oda sıcaklığında 30 dakika marine edin.

b) Turşuyu ayırdıktan sonra balığı çıkarın; susam serpin. Doğrudan orta ateşte yağlanmış ızgaraya yerleştirin. Islatılmış talaşları ekleyin.

c) Örtün ve ters çevirin ve yarıya kadar marine ile bastırın, 16-20 dakika veya çatalla test edildiğinde balık kolayca pul pul olana kadar pişirin.

30. Kömür ızgara somon ve siyah fasulye

Verim: 4 porsiyon

Bileşen

- $\frac{1}{2}$ pound Siyah Fasulye; batırılmış

- 1 küçük Soğan; kıyılmış

- 1 küçük havuç

- $\frac{1}{2}$ Kereviz Kaburgası

- 2 ons Jambon; kıyılmış

- 2 Jalapeno Biberi; saplı ve doğranmış

- 1 Diş Sarımsak

- 1 Defne Yaprağı; ile birbirine bağlı

- 3 Dal Kekik

- 5 su bardağı Su

- 2 Diş Sarımsak; kıyılmış

- $\frac{1}{2}$ çay kaşığı Acı Biber Gevreği

- $\frac{1}{2}$ Limon; sulu

- 1 Limon; sulu

- $\frac{1}{3}$su bardağı Zeytinyağı

- 2 yemek kaşığı Taze Fesleğen; kıyılmış

- 24 ons Somon Biftek

Talimatlar

a) Büyük bir tencerede fasulyeleri, soğanı, havucu, kerevizi, jambonu, jalapenos'u, bütün diş sarımsağı, kekikli defne yaprağını ve suyu birleştirin. Fasulyeler yumuşayana kadar yaklaşık 2 saat pişirin ve fasulyeleri kapalı tutmak için gerektiği kadar su ekleyin.

b) Havucu, kerevizi, otları ve sarımsağı çıkarın ve kalan pişirme sıvısını boşaltın. Fasulyeleri kıyılmış sarımsak, pul biber ve $\frac{1}{2}$ limonun suyuyla karıştırın. Kenara koyun.

c) Fasulyeler pişerken bir bütün limonun suyu, zeytinyağı ve fesleğen yapraklarını karıştırın. Somon bifteğinin üzerine dökün ve 1 saat buzdolabında bekletin. Somonu orta derecede yüksek ateşte her bir tarafını 4-5 dakika ızgara yapın ve her dakika bir miktar marine sos sürün. Her bifteği bir parça fasulye ile servis edin.

31. Havai fişek ızgara Alaska somonu

Verim: 4 Porsiyon

Bileşen

- 4 6 oz. somon biftek
- $\frac{1}{4}$ bardak Fıstık yağı
- 2 yemek kaşığı soya sosu
- 2 yemek kaşığı balzamik sirke
- 2 yemek kaşığı Doğranmış maydanoz
- $1\frac{1}{2}$ çay kaşığı esmer şeker
- 1 diş sarımsak, kıyılmış
- $\frac{3}{4}$ çay kaşığı Rendelenmiş taze zencefil kökü
- $\frac{1}{2}$ çay kaşığı Kırmızı şili gevreği veya daha fazlası
- Damak zevki
- $\frac{1}{2}$ çay kaşığı Susam yağı
- $\frac{1}{8}$ çay kaşığı Tuz

Talimatlar

a) Somon bifteklerini bir cam tabağa koyun. Kalan malzemeleri birlikte çırpın ve somonun üzerine dökün.

b) Plastik sargıyla örtün ve buzdolabında 4 ila 6 saat marine edin. Izgarayı ısıtın. Somonu marinattan çıkarın, ızgarayı yağlayın ve somonu ızgaraya yerleştirin.

c) Orta ateşte 10 dakika orta ateşte ızgara yapın, en kalın kısımdan ölçün, pişirmenin yarısında çevirin veya balık bir çatalla test edildiğinde pul pul dökülene kadar.

32. Flaş ızgara somon

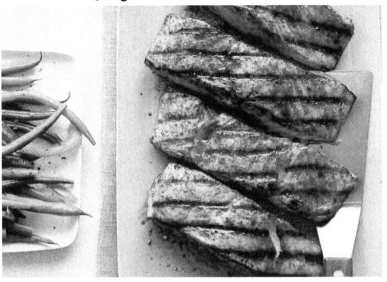

Verim: 1 porsiyon

Bileşen

- 3 ons Somon
- 1 yemek kaşığı zeytinyağı
- ½ Limon; suyu
- 1 çay kaşığı Frenk soğanı
- 1 çay kaşığı Maydanoz
- 1 çay kaşığı taze çekilmiş karabiber
- 1 yemek kaşığı soya sosu
- 1 yemek kaşığı Akçaağaç şurubu
- 4 Yumurta sarısı
- ¼ pint Balık suyu
- ¼ bira beyaz şarap
- 125 mililitre Çift krema
- Frenk soğanı
- Maydanoz

Talimatlar

a) Somonu ince ince dilimleyin ve zeytinyağı, akçaağaç şurubu, soya sosu, biber ve limon suyuyla dolu bir kaba 10-20 dakika koyun.

b) Sabayon: Yumurtaları benmari usulü çırpın. Bir tavada beyaz şarabı ve balık suyunu azaltın. Karışımı yumurta aklarına ekleyin ve çırpın. Çırpmaya devam ederek kremayı ekleyin.

c) İnce somon dilimlerini servis tabağına alın ve üzerine biraz sabayon gezdirin. Sadece 2-3 dakika ızgaranın altına yerleştirin.

d) Frenk soğanı ve maydanoz serpiştirerek hemen çıkarın ve servis yapın.

33. Izgara somon ve kalamar mürekkebi makarna

Verim: 1 porsiyon

Bileşen

- 4 200 gr; (7-8 ons) somon fileto parçaları
- Tuz ve biber
- 20 mililitre Bitkisel yağ; (3/4 ons)
- Kızartmak için zeytinyağı
- 3 diş ince kıyılmış sarımsak
- 3 adet ince doğranmış domates
- 1 adet ince kıyılmış Frenk soğanı
- Baharat
- 1 Brokoli

Talimatlar

a) Makarna: İyi bir balıkçıdan kalamar mürekkebi poşetleri alabilirsin ... veya en sevdiğin makarnayı kullanabilirsin

b) Fırını 240øC/475øF/gaz işareti 9'a önceden ısıtın.

c) Somon fileto parçalarını tuz ve karabiberle tatlandırın. Yapışmaz bir tavayı ısıtın, ardından yağı ekleyin. Somonu tavaya koyun ve her iki tarafını 30 saniye kızartın.

d) Balığı bir fırın tepsisine aktarın, ardından balık pul pul ama ortası hâlâ biraz pembe olana kadar 6-8 dakika kızartın. 2 dakika dinlenmeye bırakın.

e) Balıkları sıcak tabaklara alın ve sosu üzerine gezdirin.

f) Brokoli ile makarnayı yaklaşık 5 dakika pişirin.

g) Tavaya biraz yağ dökün, sarımsak, domates ve taze soğanı ekleyin. 5 dakika kısık ateşte kavurun, son anda brokolileri ekleyin.

34. Izgara soğanlı somon

8 ila 10 porsiyon yapar

İçindekiler

- 2 su bardağı suya batırılmış sert ağaç yongaları
- 1 büyük yan çiftlik Norveç somonu (yaklaşık 3 pound), kılçıkları alınmış
- 3 bardak Vodka ile yapılan Tütsülenmiş Salamura
- $\frac{3}{4}$ cup Sigara Ovma
- 1 yemek kaşığı kuru dereotu
- 1 çay kaşığı soğan tozu
- 2 büyük kırmızı soğan, 1,5 cm kalınlığında halkalar halinde kesilmiş
- $\frac{3}{4}$ su bardağı sızma zeytinyağı 1 demet taze dereotu
- 1 limonun ince rendelenmiş kabuğu 1 diş sarımsak, kıyılmış
- Kaba tuz ve öğütülmüş karabiber

Talimatlar

a) Somonu büyük (2 galonluk) fermuarlı bir torbaya koyun. Yalnızca 1 galonluk torbalarınız varsa, balığı ikiye bölün ve iki torba kullanın. Tuzlu suyu torbaya/torbalara ekleyin, havayı dışarı bastırın ve kapatın. 3 ila 4 saat buzdolabında bekletin.

b) 1 çorba kaşığı hariç hepsini kuru dereotu ve soğan tozu ile karıştırın ve bir kenara koyun. Soğan dilimlerini buzlu suda bekletin. Dolaylı düşük ısı, yaklaşık 225iF için bir ızgarayı dumanla ısıtın. Talaşları boşaltın ve ızgaraya ekleyin.

c) Somonu tuzlu sudan çıkarın ve kağıt havlularla kurulayın. Tuzlu suyu atın. Balığı 1 çorba kaşığı yağla kaplayın ve etli tarafını içinde kuru dereotu olan ovuşturarak serpin.

d) Soğanları buzlu sudan çıkarın ve kurulayın. 1 çorba kaşığı yağ ile kaplayın ve kalan 1 çorba kaşığı ovalayın. Balıkları ve soğanları 15 dakika dinlenmeye bırakın.

e) Izgara ızgarasını fırçalayın ve yağla iyice ovun. Somonu etli yüzü aşağı gelecek şekilde doğrudan ateşin üzerine koyun ve yüzey altın rengi kahverengi olana kadar 5 dakika ızgara yapın. Büyük bir balık spatulası veya iki normal spatula kullanarak, balığı derili tarafı aşağı gelecek şekilde çevirin ve ateşten uzağa ızgara ızgarasına yerleştirin. Soğan dilimlerini doğrudan ateşin üzerine koyun.

f) Izgarayı kapatın ve somonun dışı sertleşene, ancak kurumayan ve ortası esnek olana kadar yaklaşık 25 dakika pişirin. Bittiğinde, balığa hafifçe bastırıldığında nem yüzey boyunca boncuk boncuk olacaktır. Basınç altında tamamen pul pul dökülmemelidir.

g) Pişirme süresi boyunca soğanları bir kez çevirin.

35. Sedir plank somonu

Servis 6

İçindekiler

- 1 işlenmemiş sedir tahtası (yaklaşık 14" x 17" x 1/2")
- 1/2 su bardağı İtalyan sosu
- 1/4 bardak doğranmış güneşte kurutulmuş domates
- 1/4 su bardağı kıyılmış taze fesleğen
- 1 (2 pound) somon fileto (1 inç kalınlığında), derisi alınmış

Talimatlar

a) Sedir tahtasını tamamen suya batırın ve üzerini tamamen örtecek şekilde üzerine bir ağırlık koyun. En az 1 saat bekletin.

b) Izgarayı orta-yüksek ısıya ısıtın.

c) Küçük bir kapta sosu, güneşte kurutulmuş domatesleri ve fesleğeni birleştirin; kenara koymak

d) Tahtayı sudan çıkarın. Tahta üzerine somon koyun; ızgaraya yerleştirin ve kapağı kapatın. 10 dakika ızgara yapın, ardından somonu sos karışımıyla fırçalayın. Kapağı kapatın ve 10 dakika daha veya somon bir çatalla kolayca pul pul dökülene kadar ızgara yapın.

36. Füme sarımsaklı somon

4 kişilik

İçindekiler

- 1 1/2 pound somon fileto
- tatlandırmak için tuz ve karabiber 3 diş sarımsak, kıyılmış
- 1 dal taze dereotu, doğranmış 5 dilim limon
- 5 dal taze dereotu
- 2 yeşil soğan, doğranmış

Talimatlar

a) Sigara içen kişiyi 250 ° F'ye hazırlayın.
b) İki büyük alüminyum folyo parçasını pişirme spreyi ile püskürtün.
c) Bir parça folyonun üzerine somon filetoyu yerleştirin. Somonu tuz, karabiber, sarımsak ve kıyılmış dereotu serpin. Fileto üzerine limon dilimleri yerleştirin ve her limon diliminin üzerine birer dereotu sapı yerleştirin. Filetoyu yeşil soğan serpin.
d) Yaklaşık 45 dakika sigara iç.

37. Taze Şeftali Izgara Somon

Porsiyon: 6 porsiyon

İçindekiler

- 1 inç kalınlığında 6 somon filetosu
- 1 büyük konserve dilimlenmiş şeftali, hafif şurup çeşidi
- 2 yemek kaşığı beyaz şeker
- 2 yemek kaşığı hafif soya sosu
- 2 yemek kaşığı Dijon hardalı
- 2 yemek kaşığı tuzsuz tereyağı
- 1 1-inç taze zencefil topuzu, rendelenmiş
- 1 yemek kaşığı sızma zeytinyağı
- Tatmak için biber ve tuz
- Taze doğranmış kişniş

Talimatlar:

a) Dilimlenmiş şeftalileri süzün ve yaklaşık 2 yemek kaşığı hafif şurup ayırın. Şeftalileri ısırık büyüklüğünde parçalar halinde kesin.

b) Somon filetolarını büyük bir fırın tepsisine yerleştirin.

c) Orta boy bir tencereye ayrılmış şeftali şurubu, beyaz şeker, soya sosu, Dijon hardalı, tereyağı, zeytinyağı ve zencefili ekleyin. Karışım biraz koyulaşana kadar kısık ateşte karıştırmaya devam edin. Damak zevkinize göre tuz ve karabiber ekleyin.

d) Ocağı kapatın ve karışımın bir kısmını bir teyel fırçası kullanarak alabalık filetolarına cömertçe yayın.

e) Dilimlenmiş şeftalileri tencereye ekleyin ve sır ile iyice kaplayın. Sırlanmış şeftalileri somonun üzerine dökün ve eşit şekilde yayın.

f) Somonu 420F'de yaklaşık 10-15 dakika pişirin. Yemeğin yanmaması için somona dikkat edin.

g) Servis yapmadan önce biraz taze doğranmış kişniş serpin.

38. Zencefilli ızgara somon salatası

Verim: 4 Porsiyon

İçindekiler

- $\frac{1}{4}$ fincan yağsız sade yoğurt
- 2 yemek kaşığı ince kıyılmış taze zencefil
- 2 diş sarımsak, ince kıyılmış
- 2 yemek kaşığı taze limon suyu
- 1 yemek kaşığı Taze rendelenmiş limon kabuğu rendesi
- 1 yemek kaşığı Bal
- 1 yemek kaşığı Kanola yağı
- $\frac{1}{2}$ çay kaşığı Tuz
- $\frac{1}{2}$ çay kaşığı Taze çekilmiş karabiber
- $1\frac{1}{4}$ pound Somon fileto, 1 inç kalınlığında, 4 parçaya bölünmüş, derisi alınmış, kılçıkları alınmış
- Su Teresi ve Turşu Zencefil Salatası
- Garnitür için limon dilimleri

Talimatlar:

a) Küçük bir kasede yoğurt, zencefil, sarımsak, misket limonu suyu, misket limonu kabuğu rendesi, bal, sıvı yağ, tuz ve karabiberi çırpın.

b) Somonu sığ bir cam tabağa koyun ve üzerine turşuyu dökün, somonu her tarafı kaplayacak şekilde çevirin. Örtün ve buzdolabında 20 ila 30 dakika marine edin, bir veya iki kez çevirin.

c) Bu arada, bir kömür ateşi hazırlayın veya bir gazlı ızgarayı önceden ısıtın. (Izgara tavası kullanmayın; somon balığı yapışacaktır.) 3. Uzun saplı bir barbekü fırçası kullanarak ızgara rafını yağlayın.

d) Somonu derisi yukarı gelecek şekilde ızgaraya yerleştirin. 5 dakika pişirin. 2 metal spatula kullanarak, somon parçalarını dikkatlice ters çevirin ve merkezde opaklaşana kadar 4 ila 6 dakika daha pişirin. 2 spatula ile somonu ızgaradan çıkarın. Deriden kayın.

e) Su teresi salatasını sosla karıştırın ve 4 tabağa bölün. Bir parça ızgara somon ile süsleyin. Kireç dilimleri ile süsleyin. Hemen servis yapın.

39. Rezene salatası ile ızgara somon

Verim: 2 porsiyon

Bileşen

- 2 140 gr somon fileto

- 1 Kuru soğan; ince dilimlenmiş

- $\frac{1}{2}$ Armut; ince dilimlenmiş

- Bir kaç parça ceviz

- 1 tutam Ezilmiş kakule tohumu

- 1 Portakal; parçalı, meyve suyu

- 1 demet Kişniş; kıyılmış

- 50 gram Hafif peynir mayası

- 1 tutam toz tarçın

- Dövülmüş kaya tuzu ve öğütülmüş karabiber

Talimatlar:

a) Somonu tuz ve karabiberle tatlandırın ve ızgarada pişirin.

b) Armut ile rezeneyi karıştırın ve bol karabiber, kakule ve cevizle tatlandırın.

c) Portakal suyunu ve kabuğunu taze peynirle karıştırın ve biraz tarçın ekleyin. Tabağın ortasına bir yığın rezene koyun ve üstüne somonu dizin. Tabağın dışını turuncu dilimlerle süsleyin ve üzerine portakallı taze peynir serpin.

d) Rezene, alkolün vücuttaki toksin etkilerini azaltır ve iyi bir sindirim sistemidir.

40.   Patates ve su teresi ile ızgara somon

Verim: 6 Porsiyon

Bileşen

- 3 pound Küçük kırmızı ince derili
- Patates
- 1 su bardağı ince dilimlenmiş kırmızı soğan
- 1 su bardağı terbiyeli pirinç sirkesi
- Yaklaşık 1/2 kiloluk su teresi
- Durulanmış ve gevrek
- 1 Somon fileto, yaklaşık 2 lbs.
- 1 yemek kaşığı soya sosu
- 1 yemek kaşığı Sıkıca paketlenmiş kahverengi şeker
- 2 su bardağı Kızılağaç veya mesquite talaşı
- suya batırılmış
- Tuz

Talimatlar:

a) 5 ila 6 litrelik bir tavada, yaklaşık 2 litre suyu yüksek ateşte kaynatın; patates ekleyin. Örtün ve patatesler delindiğinde yumuşayana kadar 15 ila 20 dakika kısık ateşte pişirin. Süzün ve soğutun.

b) Soğanları üzerini geçecek kadar soğuk suda yaklaşık 15 dakika bekletin. Soğanları süzün ve pirinç sirkesiyle karıştırın. Patatesleri dörde bölün; soğanlara ekleyin.

c) İhale su teresi dallarını saplarından kesin, ardından $\frac{1}{2}$ fincan yapmak için yeterince ince sapları ince doğrayın (fazlaları atın veya başka kullanımlar için saklayın). Büyük oval bir tabakta kıyılmış sapları yanında patates salatası ile karıştırın; örtün ve serin tutun. Somonu durulayın ve kurulayın. Deri tarafı aşağı gelecek şekilde ağır bir folyo parçası üzerine yerleştirin. 1 inçlik bir kenarlık bırakarak balığın ana hatlarını takip etmek için folyoyu kesin.

d) Folyonun kenarlarını balığın kenarına uyacak şekilde kıvırın. Soya sosunu esmer şekerle karıştırın ve somon fileto üzerine sürün.

e) Balıkları ızgaranın ortasına koyun, kömürlerin veya ateşin üzerine değil. Mangalın üzerini kapatın (kömür için havalandırma deliklerini açın) ve balığın en kalın kısmı zar zor opak hale gelinceye kadar (test etmek için kesin) 15 ila 20 dakika pişirin. Balıkları salata ile tabağa aktarın. Tatmak için tuz ekleyin. Sıcak veya soğuk servis yapın.

41. somon vina olki

Verim: 1 Porsiyon

Bileşen

- 2 su bardağı Sirke
- 4 su bardağı Su
- 2 çay kaşığı Tarçın
- 4 çay kaşığı Öğütülmüş kimyon tohumu
- 6 büyük diş sarımsak, ezilmiş
- Tatmak için biber ve tuz
- Somon

Talimatlar:

a) Tüm malzemeleri büyük bir su ısıtıcısında karıştırın ve iyice karıştırın.

b) Somon dilimlerini ekleyin ve her dilimin baharatları ve sarımsağı emmesi için iyice karıştırın.

c) Bir gece boyunca salamurada bırakın, ancak 24 saati geçmeyin, çünkü somon lapa olma eğilimindedir.

d) Tuzlu sudan çıkarıp galeta ununa veya galeta ununa bulayıp kızgın yağda kızartın.

42. Somon ve Boletus Kebapları

İçindekiler:

- $\frac{1}{4}$ su bardağı zeytinyağı
- $\frac{1}{4}$ fincan maydanoz, ince kıyılmış
- $\frac{1}{4}$ su bardağı taze kekik, sapları çıkarılmış, ince kıyılmış
- 2 yemek kaşığı limon suyu
- 2 yemek kaşığı iri çekilmiş karabiber
- 1 çay kaşığı tuz
- $1\frac{1}{2}$ pound somon filetosu, 24 küp halinde kesilmiş
- 1 ila $1\frac{1}{2}$ pound mantar
- 8 tahta şiş
- limon dilimleri

Talimatlar:

a) Yağ, maydanoz, kekik, limon suyu, tuz ve karabiberi geniş bir kapta karıştırın.

b) Somon parçaları ekleyin, iyice karıştırın, üzerini kapatın ve 1 saat buzdolabında bekletin.

c) Bir ızgarayı önceden ısıtın.

d) Karışımı buzdolabından çıkarın, mantar parçalarını ekleyin ve mantarları turşuyla kaplamak için fırlatın. Bir kevgir içinde süzün.

e) Her biri üç parça balık ve üç parça mantarla kaplanmış sekiz kebap yapmak için şişlerde dönüşümlü somon ve mantar.

f) Islatılan şişleri yağlanmış ızgaraya dizip 4 dakika pişirin. Döndürün ve 4 dakika daha uzun süre veya filetolar dokunulamayacak kadar yumuşak olana kadar pişirin.

43. Izgara Yabani Kral Somon

İçindekiler:

- 1 ıstakoz, $1\frac{3}{4}$ pound
- $\frac{1}{2}$ su bardağı eritilmiş tereyağı
- 2 pound somon filetosu
- $\frac{1}{4}$ su bardağı ince kıyılmış kırmızı soğan
- 3 yemek kaşığı beyaz sirke
- 2 yemek kaşığı su
- $\frac{1}{4}$ fincan ağır krema
- 2 yemek kaşığı ince kıyılmış taze tarhun
- 4 yemek kaşığı ($\frac{1}{2}$ çubuk) tereyağı
- Tuz ve taze çekilmiş karabiber
- Limon dilimleri ve suyu
- Kan Portakalı Salatası

Talimatlar:

a) Tereyağı ve limon suyunu ıstakoz boşluğuna gezdirin.

b) Istakozu ızgaraya, duman tavasının üzerine sırt üstü yatırın. Kapağı kapatın ve yaklaşık 25 dakika tütsüleyin. Bir kesme tahtasına aktarın ve eti kuyruktan ve pençelerden çıkarın, mercanı ve tüm meyve sularını buzdolabında saklayın.

c) Soğanları, sirkeyi ve suyu orta boy bir tencerede orta-yüksek ateşte kaynatın; ısıyı azaltın ve 3 ila 4 dakika veya yaklaşık yarı yarıya azalana kadar pişirin. Krema ve tarhun ekleyin; 1 ila 2 dakika veya yarı yarıya azalana kadar pişirin. Tereyağı parçalarını çırpın.

d) Izgarayı hazırlayın ve somonu sıcak tarafa koyun.

e) Istakoz parçalarını ve meyve sularını beurre blanc ile tencereye ekleyin, karıştırın ve ısıyı orta yüksekliğe getirin. 3 ila 4 dakika veya ıstakoz eti iyice ısınana kadar birkaç kez karıştırarak kapağı kapalı olarak pişirin.

44. Akçaağaç Şuruplu Somon Biftek

İçindekiler:

- $\frac{1}{4}$ fincan saf akçaağaç şurubu
- $\frac{1}{4}$ fincan mirin veya beyaz şarap
- $\frac{1}{4}$ bardak düşük sodyumlu soya sosu
- 2 yemek kaşığı zeytinyağı
- $\frac{1}{2}$ limon suyu
- 1 limon kabuğu rendesi (yaklaşık 1 yemek kaşığı)
- 2 yemek kaşığı kırık karabiber
- 2 pound somon, $\frac{3}{4}$ inç kalınlığında biftekler halinde kesin

Talimatlar:

a) Akçaağaç şurubu, mirin, soya sosu, yağ, limon suyu ve karabiberleri aşındırıcı olmayan bir kapta karıştırın. Biftekleri turşunun içine koyun ve 30 dakika buzdolabında bekletin.

b) Bir ızgarayı önceden ısıtın.

c) Somon bifteklerini marineden çıkarın, süzün, kurulayın ve marineyi ayırın. Biftekleri doğrudan ateşin üzerine koyun ve 4 dakika pişirin; çevirin ve 4 dakika daha veya biftekler dokunulamayacak kadar yumuşak olana kadar pişirin. Az pişmiş için daha kısa, iyi pişmiş için daha uzun süre ızgara yapın.

d) Bu arada biftekleri çevirdikten sonra, turşuyu küçük bir tencerede orta-yüksek ateşte kaynayana kadar ısıtın ve ardından 5 dakika pişirin. Isıyı hemen kapatın.

e) Somon bifteğinin üzerine sosu gezdirin.

45. Somon ve Mısır Çorbası

İçindekiler:

- 1 kiloluk somon fileto
- 2 kulak taze mısır
- 2 yemek kaşığı zeytinyağı
- 1 orta boy ince kıyılmış soğan
- 1 orta boy Yukon altın patates, doğranmış
- 2 su bardağı tam yağlı süt
- 1 su bardağı hafif krema
- 4 yemek kaşığı tuzsuz tereyağı
- $\frac{1}{2}$ çay kaşığı Worcestershire sosu
- $\frac{1}{4}$ fincan ince kıyılmış tarhun
- 1 çay kaşığı kırmızı biber
- Tuz ve taze çekilmiş karabiber
- istiridye kraker

Talimatlar:

a) Bir ızgarayı önceden ısıtın.

b) Somonu ve mısır koçanlarını yağlanmış ızgaraya dizin. 6 dakika pişirin; sonra çevirin ve 4 ila 5 dakika daha pişirin. Kenara koyun.

c) Keskin bir bıçakla mısırı koçanlarından ayırın ve somonu ısırık büyüklüğünde parçalar halinde kesin. Kenara koyun.

d) Orta-yüksek ateşte 4-litrelik bir tencerede yağın 1 çorba kaşığı ısıtın. Soğan ve patatesi ekleyin. Kapağı kapalı olarak yaklaşık 10 dakika veya soğanlar yumuşayana kadar pişirin. Süt, krema, tereyağı ve Worcestershire sosunu ekleyin. Yaklaşık 10 dakika veya patatesler yumuşayana kadar pişirin.

e) Mısır, somon, tarhun, kırmızı biber, tuz ve karabiberi ilave edip 5 dakika pişirin.

f) Kaselere aktarın ve hemen istiridye krakerleri ile servis yapın.

46.   Dereotu ile terbiyelenmiş Somon

Servis 6

İçindekiler:

- 2 x 750g (1lb 10oz) somon filetosu
- 1 büyük demet dereotu, kabaca doğranmış
- 100g (4oz) kaba deniz tuzu
- 75 gr (3 ons) pudra şekeri
- 2 yemek kaşığı öğütülmüş beyaz biber

Yaban turpu ve hardal sosu

- 2 çay kaşığı ince rendelenmiş yaban turpu (taze veya kavanozdan)
- 2 çay kaşığı ince rendelenmiş soğan
- 1 çay kaşığı Dijon hardalı
- 1 çay kaşığı pudra şekeri
- 2 yemek kaşığı beyaz şarap sirkesi
- iyi bir tutam tuz
- 175ml (6 fl oz.) çift krema

Talimatlar:

a) Somon filetolarından birini derili tarafı aşağı gelecek şekilde geniş bir streç film tabakasının üzerine koyun. Dereotunu tuz, şeker ve toz karabiberle karıştırıp somonun kesik yüzüne yayın. Diğer filetoyu deri tarafı yukarı gelecek şekilde üstüne yerleştirin.

b) Balığı iki veya üç kat streç filme sıkıca sarın ve geniş, sığ bir tepsiye kaldırın. Balığın üzerine biraz daha küçük bir tepsi veya doğrama tahtası koyun ve ağırlığını azaltın. 2 gün boyunca soğutun, her 12 saatte bir balığı çevirin, böylece koli içinde oluşacak tuzlu karışımın balıkları ıslatması sağlanır.

c) Yaban turpu ve hardal sosu yapmak için krema hariç tüm malzemeleri karıştırın. Kremayı yumuşak zirveler halinde çırpın, yaban turpu karışımını ekleyin, üzerini kapatın ve soğutun.

d) Servis yapmak için balığı tuzlu karışımdan çıkarın ve somon tüttürür gibi çok ince dilimleyin. Her tabağa birkaç dilim gravlaks koyun ve biraz sosla servis yapın.

47. Taze Atlantik somon sote

Verim: 1 Porsiyon

Bileşen

- 3 adet somon fileto

- 1 yemek kaşığı Tereyağı

- $\frac{1}{4}$ çay kaşığı şef tuzu

- $\frac{1}{2}$ su bardağı terbiyeli un

- 1 yemek kaşığı Doğranmış domates

- 1 yemek kaşığı Doğranmış yeşil soğan

- 1 yemek kaşığı Dilimlenmiş mantar

- 2 yemek kaşığı Beyaz yemeklik şarap

- $\frac{1}{2}$ küçük limon suyu

- 2 yemek kaşığı Yumuşak tereyağı

Talimatlar:

a) Somonu ince dilimler halinde kesin. Somonu Şef Tuzu ile baharatlayın ve una bulayın.

b) Tereyağında her iki tarafını hızlıca soteleyin ve çıkarın. Dilimlenmiş mantarları, domatesi, yeşil soğanı, limon suyunu ve beyaz şarabı ekleyin.

c) Yaklaşık 30 saniye boyunca aşırı ısıyı azaltın. Tereyağını karıştırın ve sosu somonun üzerine servis edin.

48. Pancetta ile ızgara somon

Verim: 4 Porsiyon

Bileşen

- 1 pound Taze Kuzugöbeği Mantarı

- 2 Arpacık; Kıyılmış

- 1 Diş Sarımsak; Kıyılmış

- 10 yemek kaşığı Tereyağı; Parçalara ayır

- 1 su bardağı Kuru Şeri veya Madeira

- 4 Adet Somon Fileto

- Zeytin yağı

- Tuz ve Taze Çekilmiş Biber

- 16 adet yeşil soğan

- 4 yemek kaşığı Pancetta; Küp ve Kesilmiş

Talimatlar:

a) Arpacık soğanı ve sarımsağı 2 yemek kaşığı tereyağında kısık ateşte yumuşayana kadar soteleyin. Kuzugöbeği ekleyin, ısıyı yükseltin ve 1 dakika pişirin. Şeri ekleyin ve yarı yarıya azaltın.

b) Kalan tereyağını emülsifiye olana kadar ısıtıp kapatarak çırpın.

c) Bir ızgarayı veya çıkıntılı ızgara tavasını ısıtın. Somon filetolarını fırçayla yağlayın ve tuz ve karabiberle tatlandırın. Somonu büyük bir tavaya aktarın ve fırında 5 ila 10 dakika pişirin.

d) Orta boy, ağır bir kızartma tavasını yüksek ateşte ısıtın. Birkaç yemek kaşığı zeytinyağı ekleyin. Yeşil soğan ve pancetta ekleyin. Kızartmayı önlemek için tavayı sallayarak kısaca pişirin. Kuzugöbeği karışımını ekleyin ve karıştırın. Hafifçe baharatlayın.

e) Sıcak bir yemek tabağının ortasına bir somon fileto yerleştirin. Kuzugöbeği karışımını üstüne ve kenarlarına kaşıkla yayın.

49. Somonlu baharatlı hindistancevizi suyu

Bileşen

- 1 150 gr. kişi başı parça somon; (150 ila 180)

- 1 su bardağı Yasemin pirinci

- $\frac{1}{4}$ fincan yeşil kakule bakla

- 1 çay kaşığı Karanfil

- 1 çay kaşığı Beyaz karabiber

- 2 çubuk tarçın

- 4 Yıldız anason

- 2 yemek kaşığı Yağ

- 3 Soğan; ince doğranmış

- $\frac{1}{2}$ çay kaşığı zerdeçal

- 1 litre Hindistan cevizi sütü

- 500 mililitre Hindistan cevizi kreması

- 6 adet iri olgun domates

- 1 yemek kaşığı esmer şeker

- 20 mililitre Balık sosu

- tatmak için tuz

- 2 yemek kaşığı garam masala

Talimatlar:

a) Garam Masala: Baharatları bir tavada ayrı ayrı kavurun. Tüm baharatları bir kahve değirmeni veya havanda birleştirin ve havanda dövün ve öğütün.

b) Baharatlı Hindistan Cevizi Suyu: Yağı büyük bir tavada ısıtın ve soğanları şeffaf olana kadar pişirin. Zerdeçal ve zencefili ekleyin ve kısık ateşte yaklaşık 20 dakika pişirin, ardından kalan malzemeleri ekleyin. kaynatın.

c) Et suyu pişerken somon ve yasemin pirincini pişirin. Somon, balık suyunda haşlanabilir, ızgarada veya tavada kızartılabilir.

50. Columbia Nehri Chinook

İçindekiler:

- 1 su bardağı taze kiraz, yıkanmış ve çekirdekleri çıkarılmış
- $\frac{1}{2}$ su bardağı balık veya tavuk suyu
- $\frac{1}{4}$ fincan taze kekik, saplı
- 2 yemek kaşığı brendi
- 1 çay kaşığı taze limon suyu
- 2 yemek kaşığı esmer şeker
- $1\frac{1}{2}$ çay kaşığı balzamik sirke
- $1\frac{1}{2}$–2 pound somon filetosu
- limon dilimleri

Talimatlar:

a) Bir ızgarayı önceden ısıtın.

b) Kirazları bir mutfak robotunun kasesinde kabaca doğranana kadar üç veya dört kez çekin.

c) Et suyu, kekik, brendi ve limon suyunu bir tencerede orta ateşte 10 ila 12 dakika veya yarı yarıya azalana kadar pişirin.

d) Kahverengi şeker ve sirkeyi ekleyin, karıştırın ve iyice ısınana kadar 2 ila 3 dakika pişirin. Ateşten alın ama sıcak tutun.

e) Somon filetolarını yağlanmış ızgaraya koyun ve 4-5 dakika pişirin; çevirin ve filetolar hafifçe yumuşayana kadar 4 ila 5 dakika daha pişirin.

f) Dört porsiyona bölün. Havuzlar oluşturacak şekilde dört tabağın ortasına ılık sos dökün. Somonu doğrudan sosun üzerine koyun.

51. Fırında Kavrulmuş Somon ve Sebzeler

Porsiyon: 4 porsiyon

İçindekiler:
- 4 somon fileto
- 2 büyük domates, dörde bölünmüş
- 2 büyük soğan, tercihen kırmızı çeşit ve dörde bölünmüş
- 1 büyük sarımsak soğanı, ikiye bölünmüş
- 2 büyük dolmalık biber, kırmızı ve yeşil çeşitleri ve şeritler halinde dilimlenmiş
- 1 su bardağı kabak, yarım santim kalınlığında dilimlenmiş
- 1 su bardağı brokoli çiçeği
- 3 yemek kaşığı sızma zeytinyağı
- 1 yemek kaşığı tuzsuz tereyağı
- 1 tatlı kaşığı kuru dereotu
- Tatmak için biber ve tuz
- Taze fesleğen yaprakları, ince kıyılmış

Talimatlar:
a) Doğranmış sebzeleri hazırlarken fırını 375F'ye ısıtın.
b) Tüm sebzeleri büyük bir fırın tepsisine koyun ve biraz zeytinyağı gezdirin. Tuz ve karabiber ekleyin ve doğranmış sebzelerin zeytinyağı ile eşit şekilde kaplandığından emin olun. Sebzeleri fırın tepsisinin kenarlarına yayın.
c) Ortasına terbiyeli somon filetoları yerleştirin. Üzerine yumuşamış tereyağını gezdirin.
d) 18-20 dakika veya somon kolayca pul pul dökülene ve sebzeler yumuşayana kadar pişirin.
e) Servis yapmadan önce taze kıyılmış fesleğeni atın.

52. Soya ve Bal Sırlı Somon

Porsiyon: 6 porsiyon

İçindekiler:
- 1 inç kalınlığında 6 taze somon filetosu
- 4 yemek kaşığı kavrulmuş susam yağı
- 3 büyük dolmalık biber, çekirdekleri çıkarılmış ve ince şeritler halinde dilimlenmiş
- 2 adet orta boy kırmızı soğan, dörde bölünmüş
- 4 yemek kaşığı hafif soya sosu
- 1 yemek kaşığı zencefil, soyulmuş ve rendelenmiş
- 3 yemek kaşığı saf bal
- Tatmak için biber ve tuz
- Garnitür için frenk soğanı

Talimatlar:
a) Somonu, filetolar arasında 1 inç boşluk bırakarak büyük bir fırın tepsisine yerleştirin. Tavaya daha lezzetli bir etki için yeşil, kırmızı ve sarı dilimlenmiş dolmalık biberleri ve soğanları ekleyin. Balığın üzerine susam yağının yarısını gezdirin. Tatmak için tuz ve karabiber serpin.
b) Orta boy bir kapta soya sosu, bal, rendelenmiş zencefil, taze çekilmiş biber ve kalan susam yağını ekleyin.
c) Sosu iyice karıştırın.
d) Sosu balıkların üzerine dökün. Somonu 420F'de 25 dakika pişirin.
e) Hemen servis yapın ve taze soğan ile süsleyin. En iyi taze buharda pişirilmiş beyaz pirinçle yenir.

53. Baharatlı Somon ve Erişte Çorbası

Porsiyon: 4 porsiyon

İçindekiler:
- 4 somon filetosu, 1 inç kalınlığında
- 2 bardak hindistan cevizi sütü
- 3 su bardağı sebze suyu, ev yapımı veya hazır çeşit
- 200 gram Asya usulü erişte veya pirinç eriştesi
- 5 yemek kaşığı sarımsak, kıyılmış
- 2 büyük beyaz soğan, ince dilimlenmiş
- 2 büyük kırmızı biber, ince doğranmış ve çekirdekleri çıkarılmış
- 1 1 inçlik taze zencefil topuzu, ince dilimlenmiş
- 3 yemek kaşığı kırmızı köri ezmesi
- 1 yemek kaşığı bitkisel yağ
- ½ su bardağı taze soğan, ince kıyılmış
- Bir avuç kişniş, ince kıyılmış
- Tatmak için biber ve tuz

Talimatlar:

a) Büyük bir tencerede, bitkisel yağı düşük ila orta ateşte ısıtın. Kıyılmış sarımsağı, beyaz soğanı, kırmızı biberi, zencefili ve kırmızı köri ezmesini tüm karışım güzel kokana kadar birkaç dakika ekleyin.

b) Sotelenmiş karışıma hindistancevizi sütü ve sebze suyunu dökün. Et suyunu 5-8 dakika yavaş kaynamaya getirin.

c) Somon ve erişteleri tencereye ekleyin ve 5-8 dakika pişirin. Erişftelerin pişme süresini paketin üzerindeki talimatlara göre kontrol edin ve buna göre ayarlayın. Somonun fazla pişmeyeceğinden emin olun.

d) Tencereye taze soğan ve kişniş yapraklarını ekleyin ve ocağı kapatın. Tuz ve karabiber serpin.

e) Hemen ayrı kaselere aktarın ve daha fazla kişniş ve/veya taze soğan ile süsleyin.

54. Yeşil Bitki Salsa ile Haşlanmış Somon

Porsiyon: 4 porsiyon

İçindekiler:
- 3 su bardağı su
- 4 yeşil çay poşeti
- 2 büyük somon filetosu (her biri yaklaşık 350 gram)
- 4 yemek kaşığı sızma zeytinyağı
- 3 yemek kaşığı limon suyu, taze sıkılmış
- 2 yemek kaşığı maydanoz, taze kıyılmış
- 2 yemek kaşığı fesleğen, taze doğranmış
- 2 yemek kaşığı kekik, taze doğranmış
- 2 yemek kaşığı Asya frenk soğanı, taze doğranmış
- 2 çay kaşığı kekik yaprağı
- 2 çay kaşığı sarımsak, kıyılmış

Talimatlar:
a) Büyük bir tencerede suyu kaynatın. Yeşil çay poşetlerini ekleyin ve ardından ocaktan alın.
b) Çay poşetlerinin 3 dakika demlenmesine izin verin. Çay poşetlerini tencereden çıkarın ve çay demlenmiş suyu kaynatın. Somonu ekleyin ve ısıyı düşürün.
c) Orta kısımda opak hale gelene kadar somon filetolarını haşlayın. Somonu 5-8 dakika veya tamamen pişene kadar pişirin.
d) Somonu tencereden çıkarın ve bir kenara koyun.
e) Bir blender veya mutfak robotunda, tüm taze doğranmış otları, zeytinyağını ve limon suyunu boşaltın. Karışım pürüzsüz bir macun haline gelene kadar iyice karıştırın. Hamuru tuz ve karabiberle tatlandırın. Gerektiğinde baharatları ayarlayabilirsiniz.

f) Haşlanmış somonu geniş bir tabakta servis edin ve üzerine taze bitki ezmesini ekleyin.

55. Ballı Hardal Sırlı Somon

Porsiyon: 4 porsiyon

İçindekiler:
- 4 somon filetosu, 1 inç kalınlığında
- 5 yemek kaşığı Dijon hardalı
- 5 yemek kaşığı saf bal
- 2 yemek kaşığı hafif soya sosu
- 2 yemek kaşığı tereyağı, tuzsuz çeşit
- 2 yemek kaşığı sarımsak, kıyılmış
- Tatmak için biber ve tuz
- Kanola yağı
- Taze doğranmış kekik yaprakları

Talimatlar:
a) Somon filetolarını tuz ve karabiberle tatlandırın. Fırın tepsisini kanola yağı ile fırçalayın veya püskürtün, ardından somonu derisi aşağı bakacak şekilde yerleştirin.

b) Orta boy bir kapta Dijon hardalı, saf bal ve soya sosunu birlikte çırpın. Kıyılmış sarımsağı katıp iyice karıştırın.

c) Karışımı bir pasta fırçası kullanarak somon filetoların her iki tarafına cömertçe yayın.

d) Somonu kekik yapraklarıyla serpin.

e) Somonu 20 dakika 450F'de pişirin. Gerekirse kalan ballı hardal karışımını dökün. Somonu istediğiniz kıvama gelene kadar pişirin.

f) Hemen servis tabağına alın ve üzerine biraz kekik yaprağı ekleyin.

56. Yaban turpu somonu

Porsiyon: 4 porsiyon

İçindekiler:
Somon fileto
- 1 inç kalınlığında 8 somon filetosu
- 3 yemek kaşığı yaban turpu sosu
- 3 yemek kaşığı hafif soya sosu
- 3 yemek kaşığı sızma zeytinyağı
- 2 yemek kaşığı sarımsak, kıyılmış
- Tatmak için biber ve tuz

yabanturpu sosu
- 1 yemek kaşığı hafif soya sosu
- 2 yemek kaşığı limon suyu, taze sıkılmış
- 3 yemek kaşığı yaban turpu sosu
- 1 su bardağı ekşi krema
- 2 yemek kaşığı mayonez, yağı azaltılmış çeşit

Talimatlar:

a) Orta boy bir kapta, tüm malzemeleri boşaltın ve iyice karıştırın. Plastik bir örtü ile örtün ve buzdolabında en az bir saat soğumaya bırakın.

b) Ayrı bir kapta yaban turpu sosu, zeytinyağı, soya sosu ve sarımsağı çırpın. Tuz ve karabiber ekleyin ve gerekirse baharatları ayarlayın.

c) Somon filetolarını büyük bir fırın tepsisine veya ızgara rafına yerleştirin. Tavayı veya ızgara rafını yağlayın. Hazırladığınız karışımdan somon filetoların her iki tarafına fırça ile sürün.

d) Somonu en az 20 dakika pişirin. Izgara rafını kullanıyorsanız, somonun her bir yüzünü 5 dakika pişmesine izin verin.

e) Balık filetolarını hemen beyaz pirinçle birlikte servis edin. Daha sağlıklı bir seçenek için, somonun yanında kahverengi pirinç servis edebilirsiniz. Yanında soğutulmuş yaban turpu sosu ile servis yapın.

57. Sıcak Somon ve Patates Salatası

Porsiyon: 3-4 porsiyon

Toplam Hazırlık Süresi: 30 dakika

İçindekiler:
- 3 somon filetosu, 1 inç kalınlığında ve derisiz
- 4 büyük patates, ısırık büyüklüğünde parçalar halinde kesilmiş
- Bir avuç roka ve ıspanak yaprağı
- $\frac{3}{4}$ su bardağı ekşi krema
- 2 yemek kaşığı limon suyu
- 2 yemek kaşığı saf bal
- 2 çay kaşığı Dijon hardalı
- 1 çay kaşığı sarımsak, kıyılmış
- Tatmak için biber ve tuz
- Süslemek için kişniş yaprakları

Talimatlar:
a) Somonu tuz ve karabiberle hafifçe baharatlayın. Folyoya sarın ve bir fırın tepsisine yerleştirin. 420F'de veya tamamen pişene kadar 15-20 dakika pişirin.

b) Orta boy bir tencerede doğranmış patatesleri yumuşayana kadar haşlayın. Hemen boşaltın ve bir kenara koyun.

c) Büyük bir salata kasesinde ekşi krema, limon suyu, bal, hardal ve sarımsağı birleştirin. Tüm malzemeleri iyice karıştırın. Tatmak için tuz ve karabiber ekleyin.

d) Salata yapraklarını elinizle yırtın ve kaseye atın. Haşlanmış patatesleri ekleyin.

e) Pişmiş somonu lokma büyüklüğünde parçalara ayırın ve salata kasesine atın. Malzemeleri iyice karıştırın.

f) Servis yapmadan önce biraz taze doğranmış kişniş serpin.

58. Pirinç ve Bezelye ile Tek Kap Somon

Porsiyon: 4 porsiyon

İçindekiler:
- 1 su bardağı beyaz pirinç, uzun taneli çeşit
- 2 su bardağı su
- 1 kiloluk somon, derisi alınmış ve 4 parçaya dilimlenmiş
- $\frac{1}{2}$ su bardağı şeker bezelye
- 6 yemek kaşığı hafif soya sosu
- 2 yemek kaşığı pirinç sirkesi
- 1 1-inç taze zencefil topuzu, rendelenmiş
- 1 yemek kaşığı esmer şeker
- Tatmak için biber ve tuz
- $\frac{1}{2}$ fincan taze doğranmış taze soğan

Talimatlar:
a) Pirinci paket talimatlarına göre yıkayın. Orta boy bir tavada pirinç ve suyu birleştirip kapağını kapatın. Karışımı düşük ila orta ateşte 10 dakika kaynatın.
b) Somonu tuz ve karabiberle tatlandırın. Ardından hemen pirinçlerin üzerine ekleyin.
c) Pirinç tüm suyu çekene kadar somonu pişirin.
d) Bezelyeyi ekleyin ve tavayı 5 dakika daha kapatın. Bezelyelerin yumuşayıp yumuşamadığını ve somonun istediğiniz donluğa ulaşıp ulaşmadığını kontrol edin.
e) Küçük bir kapta soya sosu, sirke, taze soğan, zencefil ve şekeri karıştırın. Gerektiğinde baharatları ayarlayın.
f) Somon, pirinç ve bezelyeyi servis tabağına alıp sosla birlikte servis edin. Somon ve pirincin üzerine biraz taze doğranmış taze soğan serpin.

59. Garlicky Izgara Somon, Domates ve Soğan ile

Porsiyon: 6 porsiyon

İçindekiler:
- 6 somon filetosu, derisiz
- 4 büyük domates, ikiye bölünmüş
- 3 orta boy kırmızı soğan, dörde bölünmüş
- 2 yemek kaşığı sızma zeytinyağı
- 1 tatlı kaşığı pul biber
- 1 büyük sarımsak soğanı, kıyılmış
- 10 adet taze kekik
- 1 yemek kaşığı tuzsuz tereyağı
- Tatmak için biber ve tuz

Talimatlar:
a) Tuzsuz tereyağını büyük bir fırın tepsisine sürün ve tabağın eşit şekilde kaplandığından emin olun.
b) Fırın tepsisine somon fileto, domates ve soğanları koyun.
c) Sızma zeytinyağı gezdirin ve bir tutam tuz ve karabiber ekleyin. Somonun her iki tarafına biraz toz kırmızı biber serpin.
d) Somona kıyılmış sarımsak ve taze kekik ekleyin.
e) Somonu 420F'de 10-12 dakika pişirin. Somonun pişip pişmediğini kontrol etmek için bir çatalla delin ve pulların kolayca dağılıp dağılmadığına bakın.
f) Somonu ve sebzeleri hemen servis tabağına alın. Daha fazla tazelik için biraz kekik yaprağı atın.

60. Siyah Fasulye Soslu Fırında Somon

Porsiyon: 4 porsiyon

İçindekiler:
- 4 adet somon filetosu, derisi ve kılçığı çıkarılmış
- 3 yemek kaşığı siyah fasulye sosu veya siyah fasulye sarımsak sosu
- $\frac{1}{2}$ su bardağı tavuk suyu (veya daha sağlıklı bir alternatif olarak sebze suyu)
- 3 yemek kaşığı sarımsak, kıyılmış
- 1 1-inç taze zencefil topuzu, rendelenmiş
- 2 yemek kaşığı şeri veya sake (veya herhangi bir yemeklik şarap)
- 1 yemek kaşığı limon suyu, taze sıkılmış
- 1 yemek kaşığı balık sosu
- 2 yemek kaşığı esmer şeker
- $\frac{1}{2}$ çay kaşığı kırmızı biber gevreği
- Taze kişniş yaprakları, ince kıyılmış
- Garnitür olarak taze soğan

Talimatlar:
a) Büyük bir fırın tepsisini yağlayın veya parşömen kağıdı ile aynı hizaya getirin. Fırını 350F'ye ısıtın.
b) Tavuk suyunu ve siyah fasulye sosunu orta boy bir kapta birleştirin. Kıyılmış sarımsak, rendelenmiş zencefil, şeri, limon suyu, balık sosu, kahverengi şeker ve pul biber ekleyin. Kahverengi şeker tamamen eriyene kadar iyice karıştırın.
c) Siyah fasulye sosunu somon filetolarının üzerine dökün ve en az 15 dakika somonun siyah fasulye karışımını tamamen emmesini sağlayın.
d) Somonu fırın tepsisine aktarın. 15-20 dakika pişirin. Somonun fırında fazla kurumamasına dikkat edin.
e) Kıyılmış kişniş ve taze soğan ile servis yapın.

61.   Sebze Pilavlı Somon Balıklı Kek

Porsiyon: 4 porsiyon

Toplam Hazırlık Süresi: 30 dakika

İçindekiler:

Somon kekleri
- 2 kutu pembe somon, süzülmüş
- 1 büyük yumurta
- ½ su bardağı panko ekmek kırıntısı
- ½ yemek kaşığı mısır nişastası
- 2 yemek kaşığı kapari, süzülmüş
- 3 yemek kaşığı taze soğan veya maydanoz, doğranmış
- Tatmak için biber ve tuz
- Kızartma için bitkisel yağ

sebzeli pilav
- 1 su bardağı kahverengi pirinç, pişmemiş
- ½ bardak yeşil bezelye
- ¼ su bardağı rendelenmiş havuç
- ¼ su bardağı tatlı mısır
- 3 yemek kaşığı taze soğan
- 2 yemek kaşığı limon suyu, taze sıkılmış

Talimatlar:

a) Somonlu kek için tüm malzemeleri bir blender veya mutfak robotunda birleştirin. Tıknaz bir macun haline gelene kadar iyice karıştırın.

b) Karışımı buzdolabında 20 dakika soğumaya bırakın.

c) Karışım biraz sertleşince 1 yemek kaşığını elinize alıp köfte şekli verin. Tüm somon köftesi şekillenip oluşana kadar bu işlemi tekrarlayın.

d) Büyük bir tavada biraz bitkisel yağı ısıtın ve somon köftelerini çıtır altın rengi kahverengi olana kadar kızartın.

e) Köfte karışımı buzdolabındayken, kahverengi pirinci paketteki talimatlara göre pişirin. Tüm su emildiğinde yeşil bezelye, havuç ve mısırı pirinç pişiriciye ekleyin. Pirinci sebzelerle tamamen karıştırın ve kalan buharın sebzeleri pişirmesine izin verin. İçine taze sıkılmış limon suyunu ekleyin.

f) Servis yapmadan önce sebze pirincinin üzerine biraz taze doğranmış yeşil soğan serpin. Yanında çıtır çıtır somon keklerle servis yapın.

62. soya zencefilli somon

Porsiyon: 4 porsiyon

İçindekiler:
- 4 somon filetosu, derisi ve kemiği çıkarılmış
- 4 yemek kaşığı taze zencefil, rendelenmiş
- 2 yemek kaşığı sarımsak, kıyılmış
- 1 yemek kaşığı esmer şeker
- 2 yemek kaşığı saf bal
- 1 çay kaşığı Dijon hardalı
- $\frac{1}{2}$ su bardağı taze portakal suyu
- 3 yemek kaşığı hafif soya sosu
- İnce rendelenmiş portakal kabuğu
- Tatmak için biber ve tuz
- 1 yemek kaşığı sızma zeytinyağı

Talimatlar:
a) Orta ila büyük boy bir kapta portakal suyu, bal, soya sosu, portakal kabuğu rendesi, hardal, şeker, sarımsak ve zencefili iyice karışana kadar çırpın. Taze rendelenmiş portakal kabuğunu katıp karıştırın. Bu karışımın yarısını somonun üzerine dökün.
b) Fırını 350F'ye ısıtın. Somonu taze çekilmiş karabiber ve tuzla tatlandırın, ardından zeytinyağıyla eşit şekilde fırçalayın.
c) Somonu fırın tepsisine koyun ve 15-20 dakika pişirin.
d) Küçük ila orta boy bir tencereye karışımın diğer yarısını dökün ve kaynamaya bırakın. Ardından karışımı 5 dakika veya sos kalınlaşana kadar sürekli karıştırın.
e) Sosu somonun üzerine gezdirin. Taze doğranmış kişniş veya taze soğan ile süsleyin.

63. Chili Hindistan Cevizi Soslu Somon

Porsiyon: 6 porsiyon

İçindekiler:
- 6 somon fileto
- 2 yemek kaşığı tuzsuz tereyağı
- 1 yemek kaşığı sızma zeytinyağı
- 4 diş sarımsak, kıyılmış
- 4 yemek kaşığı beyaz soğan, kıyılmış
- 1 1 inçlik zencefil topuzu, rendelenmiş
- 2 su bardağı saf hindistan cevizi sütü
- 2 yemek kaşığı kırmızı pul biber, iri kıyılmış
- 3 yemek kaşığı kişniş, doğranmış
- Tatmak için biber ve tuz

Talimatlar:
a) Somon filetolarını taze çekilmiş karabiber ve tuzla tatlandırın.
b) Düşük ila orta ateşte, tereyağı ve zeytinyağını ısıtın, ardından hemen büyük bir sos tavasında sarımsak, soğan ve zencefili atın. Sürekli karıştırın ve 2 dakika veya bu baharatlar kokulu hale gelene kadar pişirin. Biraz ateşli tekme için acı biber ekleyin.
c) Hindistan cevizi sütüne yavaşça dökün ve kaynatın. Bunun 10 dakika veya sos kalınlaşana kadar kaynamasına izin verin.
d) Ayrı bir tavaya biraz zeytinyağı dökün ve somon filetolarını koyun. Kısık ateşte her tarafını 5 dakika pişirin. Filetoları yakmamaya dikkat edin ve hemen servis tabağına alın.
e) Baharatlı hindistancevizi sosunu somon filetoların üzerine dökün. Saçmalamaya değer bir görünüm için taze kıyılmış kişniş ile doldurun.

64. Paprika Ispanaklı Izgara Somon

Porsiyon: 6 porsiyon

İçindekiler:
- 6 pembe somon filetosu, 1 inç kalınlığında
- $\frac{1}{4}$ su bardağı portakal suyu, taze sıkılmış
- 3 çay kaşığı kuru kekik
- 3 yemek kaşığı sızma zeytinyağı
- 3 çay kaşığı tatlı toz kırmızı biber
- 1 çay kaşığı toz tarçın
- 1 yemek kaşığı esmer şeker
- 3 su bardağı ıspanak yaprağı
- Tatmak için biber ve tuz

Talimatlar:
a) Somon filetolarının her iki tarafına hafifçe zeytin sürün, ardından kırmızı biber tozu, tuz ve karabiber ekleyin. Oda sıcaklığında 30 dakika bekletin. Somonun kırmızı biber ovmasını emmesine izin vermek.

b) Küçük bir kapta portakal suyu, kuru kekik, toz tarçın ve esmer şekeri karıştırın.

c) Fırını 400F'ye ısıtın. Somonu folyo kaplı bir fırın tepsisine aktarın. Marinayı somona dökün. Somonu 15-20 dakika pişirin.

d) Büyük bir tavada bir çay kaşığı sızma zeytinyağı ekleyin ve ıspanağı yaklaşık birkaç dakika veya solana kadar pişirin.

e) Pişmiş somonu yanında ıspanakla servis edin.

65. Sebzeli Somon Teriyaki

Porsiyon: 4 porsiyon

İçindekiler:
- 4 adet somon filetosu, derisi ve kılçığı çıkarılmış
- 1 büyük tatlı patates (veya sadece patates), lokma büyüklüğünde parçalar halinde kesilmiş
- 1 büyük havuç, ısırık büyüklüğünde parçalar halinde kesilmiş
- 1 büyük beyaz soğan, dilimler halinde kesin
- 3 büyük biber (yeşil, kırmızı ve sarı), doğranmış
- 2 su bardağı brokoli çiçeği (kuşkonmaz ile değiştirilebilir)
- 2 yemek kaşığı sızma zeytinyağı
- Tatmak için biber ve tuz
- Frenk soğanı, ince kıyılmış

Teriyaki sosu
- 1 su bardağı su
- 3 yemek kaşığı soya sosu
- 1 yemek kaşığı sarımsak, kıyılmış
- 3 yemek kaşığı esmer şeker
- 2 yemek kaşığı saf bal
- 2 yemek kaşığı mısır nişastası (3 yemek kaşığı suda eritilmiş)
- $\frac{1}{2}$ yemek kaşığı kavrulmuş susam

Talimatlar:

a) Küçük bir tavada soya sosu, zencefil, sarımsak, şeker, bal ve suyu kısık ateşte çırpın. Karışım yavaş yavaş kaynayana kadar sürekli karıştırın. Mısır nişastalı suyu ilave edin ve karışım koyulaşana kadar bekleyin. Susam tohumlarını ekleyin ve bir kenara koyun.

b) Büyük bir fırın tepsisini tuzsuz tereyağı veya pişirme spreyi ile yağlayın. Fırını 400F'ye ısıtın.

c) Büyük bir kaseye tüm sebzeleri boşaltın ve üzerine zeytinyağı gezdirin. Sebzeler yağ ile iyice kaplanana kadar iyice karıştırın. Taze çekilmiş karabiber ve biraz tuzla tatlandırın.

d) Sebzeleri fırın tepsisine aktarın. Sebzeleri yanlara doğru dağıtın ve fırın tepsisinin ortasında biraz boşluk bırakın.

e) Somonu fırın tepsisinin ortasına yerleştirin. Teriyaki sosunun 2/3'ünü sebzelere ve somona dökün.

f) Somonu 15-20 dakika pişirin.

g) Pişen somonu ve kavrulmuş sebzeleri güzel bir servis tabağına alın. Kalan teriyaki sosu dökün ve doğranmış taze soğan ile süsleyin.

66. Taze Şeftali Izgara Somon

Porsiyon: 6 porsiyon

İçindekiler:
- 1 inç kalınlığında 6 somon filetosu
- 1 büyük konserve dilimlenmiş şeftali, hafif şurup çeşidi
- 2 yemek kaşığı beyaz şeker
- 2 yemek kaşığı hafif soya sosu
- 2 yemek kaşığı Dijon hardalı
- 2 yemek kaşığı tuzsuz tereyağı
- 1 1-inç taze zencefil topuzu, rendelenmiş
- 1 yemek kaşığı sızma zeytinyağı
- Tatmak için biber ve tuz
- Taze doğranmış kişniş

Talimatlar:
a) Dilimlenmiş şeftalileri süzün ve yaklaşık 2 yemek kaşığı hafif şurup ayırın. Şeftalileri ısırık büyüklüğünde parçalar halinde kesin.
b) Somon filetolarını büyük bir fırın tepsisine yerleştirin.
c) Orta boy bir tencereye ayrılmış şeftali şurubu, beyaz şeker, soya sosu, Dijon hardalı, tereyağı, zeytinyağı ve zencefili ekleyin. Karışım biraz koyulaşana kadar kısık ateşte karıştırmaya devam edin. Damak zevkinize göre tuz ve karabiber ekleyin.
d) Ocağı kapatın ve karışımın bir kısmını bir teyel fırçası kullanarak alabalık filetolarına cömertçe yayın.
e) Dilimlenmiş şeftalileri tencereye ekleyin ve sır ile iyice kaplayın. Sırlanmış şeftalileri somonun üzerine dökün ve eşit şekilde yayın.
f) Somonu 420F'de yaklaşık 10-15 dakika pişirin. Yemeğin yanmaması için somona dikkat edin.
g) Servis yapmadan önce biraz taze doğranmış kişniş serpin.

67. Kremalı Pestolu Somon

Porsiyon: 4 porsiyon

İçindekiler:
- 4 somon filetosu, 1 inç kalınlığında
- $\frac{1}{4}$ bardak tam yağlı süt
- $\frac{1}{2}$ fincan krem peynir, yağı azaltılmış/hafif çeşit
- 1/3 su bardağı fesleğenli pesto sos
- 2 yemek kaşığı sızma zeytinyağı
- Tatmak için biber ve tuz
- Taze kıyılmış maydanoz

Talimatlar:
a) Somonu tuz ve karabiberle tatlandırın. Bir ızgara tavasına biraz zeytinyağı ekleyin ve somonu her bir tarafını 5 dakika veya pişene kadar kavurun.
b) Somon filetoları servis tabağına alın.
c) Orta boy bir tencerede biraz zeytinyağını ısıtın ve pesto sosu ekleyin ve 2 dakika pişirin.
d) Süt ve krem peyniri ekleyip hepsini karıştırın. Krem peynir pesto sos ile tamamen eriyene kadar karıştırmaya devam edin.
e) Kremalı pestoyu somonun içine dökün. Taze kıyılmış maydanozla süsleyin.

68.   Somon ve Avokado Salatası

Porsiyon: 4 porsiyon

İçindekiler:

- 4 somon filetosu, derisiz
- 3 orta boy avokado
- $\frac{1}{2}$ bardak salatalık, ince dilimlenmiş
- Tatmak için biber ve tuz
- 300 gram salata yaprağı (marul, roka ve su teresi)
- Bir avuç taze kıyılmış nane yaprağı
- $\frac{1}{2}$ kırmızı soğan, ince dilimlenmiş
- 4 yemek kaşığı saf bal
- 3 yemek kaşığı sızma zeytinyağı
- 3 yemek kaşığı limon suyu, taze sıkılmış

Talimatlar:

a) Somonu tuz ve karabiberle hafifçe baharatlayın.

b) Somonu 420F'de 15-20 dakika veya istenen pişene kadar pişirin veya ızgara yapın. Bir süre kenara koyun.

c) Büyük bir salata kasesinde limon suyu, bal ve zeytinyağını karıştırın. Tuz ve karabiber ekleyin ve gerekirse tadı ayarlayın.

d) Avokadoları lokma büyüklüğünde doğrayın ve salata kasesine alın.

e) Salata yeşilliklerini, kırmızı soğanı ve nane yapraklarını kaseye ekleyin.

f) Somon filetoları lokma büyüklüğünde parçalar halinde doğrayın. Onları kaseye at. Tüm malzemeleri iyice karıştırın.

69.   somon sebze çorbası

Porsiyon: 4 porsiyon

İçindekiler:
- 2 somon filetosu, derisi alınmış ve ısırık büyüklüğünde parçalar halinde kesilmiş
- 1 ½ bardak beyaz soğan, ince kıyılmış
- 1 ½ bardak tatlı patates, soyulmuş ve doğranmış
- 1 su bardağı brokoli çiçeği, küçük parçalar halinde kesilmiş
- 3 su bardağı tavuk suyu
- 2 su bardağı tam yağlı süt
- 2 yemek kaşığı çok amaçlı un
- 1 çay kaşığı kuru kekik
- 3 yemek kaşığı tuzsuz tereyağı
- 1 defne yaprağı
- Tatmak için biber ve tuz
- Düz maydanoz, ince kıyılmış

Talimatlar:
a) Doğranmış soğanı tuzsuz tereyağında şeffaflaşana kadar kavurun. Unu karıştırın ve tereyağı ve soğan ile iyice karıştırın. Tavuk suyu ve sütü ekleyin, ardından küp küp tatlı patates, defne yaprağı ve kekiği ekleyin.
b) Karışımı ara sıra karıştırarak 5-10 dakika kaynamaya bırakın.
c) Somon ve brokoli çiçeklerini ekleyin. Ardından 5-8 dakika pişirin.
d) Tuz ve karabiber ekleyin ve gerektiğinde tadı ayarlayın.
e) Küçük ayrı kaselere aktarın ve kıyılmış maydanozla süsleyin.

70. Kremalı Somon Füme Makarna

Porsiyon: 2 porsiyon
İçindekiler:

- 2 büyük tütsülenmiş somon filetosu, küçük parçalara ayrılmış
- $\frac{3}{4}$ bardak rendelenmiş parmesan peyniri
- $\frac{1}{2}$ fincan çok amaçlı krema
- 1 büyük kırmızı soğan, ince kıyılmış
- 3 yemek kaşığı tuzsuz tereyağı
- 2 yemek kaşığı taze sarımsak, kıyılmış
- 2 yemek kaşığı tam yağlı süt
- 1 yemek kaşığı sızma zeytinyağı
- 250 gram fettuccine veya spagetti erişte
- Tatmak için biber ve tuz
- Garnitür olarak taze maydanoz

Talimatlar:

a) Orta ateşte, orta ila büyük boy bir tencereye su kaynatın. Sonra fettuccine (veya spagetti erişte) ekleyin ve 10-12 dakika veya ısırıldığında sertleşene kadar pişmesine izin verin. $\frac{1}{2}$ su bardağı makarna suyunu ayırın ve bir kenara koyun.

b) Büyük bir tavada tereyağı ve zeytinyağını eritin. Soğanı ve sarımsağı ekleyin ve soğan yarı saydam hale gelene kadar pişirin.

c) Krema ve sütü ekleyin ve yavaş kaynamaya getirin.

d) Parmesan peynirini ilave edin ve peynir sosla iyice karışana kadar sosu karıştırmaya devam edin. Taze çekilmiş biberle tatlandırın.

e) Makarna suyunu yavaş yavaş sosa ekleyin ve yavaş kaynamaya getirin. Baloncuklar oluşmaya başladığında ısıyı kapatın.

f) Makarna eriştelerini iyice süzün ve tavaya ekleyin. Makarna ve sosu iyice karıştırın, ardından kuşbaşı dumanlı somonu ekleyin.

g) Sıcakken hemen servis yapın ve taze kıyılmış maydanoz ve rendelenmiş parmesan peyniri ile süsleyin.

71. Karışık Sebze Pilavı ile Karartılmış Somon

Porsiyon: 4 porsiyon

İçindekiler:
Somon
- 4 somon filetosu, derisi alınmış
- 1 çay kaşığı tatlı kırmızı biber
- 1 çay kaşığı kurutulmuş kekik
- 1 çay kaşığı kuru kekik
- 1 çay kaşığı kimyon tozu
- ½ çay kaşığı öğütülmüş rezene
- 1 yemek kaşığı sızma zeytinyağı
- 1 yemek kaşığı tuzsuz tereyağı

Pirinç
- 2 su bardağı yasemin pirinci
- 3 ½ su bardağı su
- ½ su bardağı tatlı mısır
- 1 büyük beyaz soğan, ince kıyılmış
- 1 büyük yeşil dolmalık biber, ince doğranmış
- ½ su bardağı kişniş yaprağı, ince kıyılmış
- ¼ fincan taze soğan, ince kıyılmış
- ½ fincan siyah fasulye, iyice süzülmüş
- ½ çay kaşığı füme İspanyol kırmızı biber
- 2 yemek kaşığı limon suyu, taze sıkılmış
- 1 yemek kaşığı sızma zeytinyağı

Talimatlar:

a) Sığ bir orta kapta, somon için tüm baharatları birleştirin. Tuz ve karabiberle hafifçe tatlandırın ve tadı tercihinize göre ayarlayın. Her somonu baharat karışımıyla kaplayın. Bir kenara koyun ve somonun tüm lezzetleri emmesine izin verin.

b) Orta boy bir tencerede zeytinyağını kısık ateşte ısıtın. Soğan, tatlı mısır ve dolmalık biber ekleyin; soğan yarı saydam hale gelene kadar karıştırın. Kırmızı biberi ekleyin ve 2 dakika karıştırın. Suya dökün ve yasemin pirinci ekleyin. Yavaş ateşe verin ve tencerenin kapağını kapatın. 15-20 dakika veya pirinç tüm suyu tamamen emene kadar pişirin. 5 dakika kenara koyun.

c) Pişmiş pirince siyah fasulye, kişniş, taze soğan ve limon suyunu karıştırın. İyice karıştırın.

d) Orta ateşte bir tavada zeytinyağı ve tereyağını ısıtın. Somonu her bir tarafını 8-10 dakika pişirin.

e) Sebzeli karışık pilav ile birlikte servis tabağına alın.

72. Honeydew Kavun Salsa ile Zencefilli Somon

Porsiyon: 4 porsiyon

İçindekiler:
- 4 somon filetosu, derisiz
- 2 su bardağı kavun, küçük küpler halinde kesilmiş
- 2 yemek kaşığı limon suyu, taze sıkılmış
- $\frac{1}{4}$ bardak kişniş yaprağı, taze doğranmış
- 2 yemek kaşığı nane yaprağı, ince kıyılmış
- 1 çay kaşığı kırmızı biber gevreği
- 3 yemek kaşığı taze zencefil, rendelenmiş
- 2 çay kaşığı toz köri
- 2 yemek kaşığı sızma zeytinyağı
- Tatmak için tuz ve beyaz biber

Talimatlar:
a) Orta boy bir kapta tatlı kavun, kişniş, nane, limon suyu ve pul biberi birleştirin. Tuz ve karabiber ekleyin ve gerektiğinde baharatları ayarlayın.

b) Salsa'yı buzdolabında en az 15 dakika soğutun.

c) Ayrı bir kapta rendelenmiş zencefil, toz köri, tuz ve karabiberi karıştırın. Bu karışımı somon filetolarının her tarafına yayın.

d) Balıkların marine olması için 5 dakika bekletin.

e) Zeytinyağını düşük ila orta ateşte ısıtın. Somonu her iki tarafta 5-8 dakika veya balık merkezde opak hale gelene kadar pişirin.

f) Yanında soğutulmuş kavun salsa ile somonu servis edin.

73. Erişte ile Asya Usulü Somon

Porsiyon: 4 porsiyon

İçindekiler:
Somon
- 4 somon filetosu, derisi alınmış
- 2 yemek kaşığı kavrulmuş susam yağı
- 2 yemek kaşığı saf bal
- 3 yemek kaşığı hafif soya sosu
- 2 yemek kaşığı beyaz sirke
- 2 yemek kaşığı sarımsak, kıyılmış
- 2 yemek kaşığı taze zencefil, rendelenmiş
- 1 çay kaşığı kavrulmuş susam
- Garnitür için doğranmış frenk soğanı

pirinç eriştesi
- 1 paket Asya pirinç eriştesi

Sos
- 2 yemek kaşığı balık sosu
- 3 yemek kaşığı limon suyu, taze sıkılmış
- Pul biber

Talimatlar:

a) Somon turşusu için susam yağı, soya sosu, sirke, bal, kıyılmış sarımsak ve susamı karıştırın. Somonun içine dökün ve balığın 10-15 dakika marine olmasına izin verin.

b) Somonu zeytinyağı ile hafifçe yağlanmış bir fırın tepsisine yerleştirin. 420F'de 10-15 dakika pişirin.

c) Somon fırındayken, pirinç erişelerini paketteki talimatlara göre pişirin. İyice süzün ve ayrı kaselere aktarın.

d) Balık sosu, limon suyu ve pul biberi karıştırın ve pirinç erişelerine dökün.

e) Her erişte kasesini taze pişmiş somon filetolarıyla doldurun. Frenk soğanı ve susam ile süsleyin.

74. Tavada Kızarmış Somonlu Limonlu Pilav

Porsiyon: 4 porsiyon

İçindekiler:

Pirinç
- 2 su bardağı pirinç
- 4 su bardağı tavuk suyu
- $\frac{1}{2}$ çay kaşığı beyaz biber
- $\frac{1}{2}$ çay kaşığı sarımsak tozu
- 1 küçük beyaz soğan, ince kıyılmış
- 1 çay kaşığı ince rendelenmiş limon kabuğu rendesi
- 2 yemek kaşığı limon suyu, taze sıkılmış

Somon
- 4 somon filetosu, kılçıkları çıkarılmış
- Tatmak için biber ve tuz
- 2 yemek kaşığı sızma zeytinyağı

dereotu sosu
- $\frac{1}{2}$ bardak Yunan yoğurdu, az yağlı çeşit
- 1 yemek kaşığı limon suyu, taze sıkılmış
- 1 yemek kaşığı taze soğan, ince kıyılmış
- 2 yemek kaşığı taze dereotu yaprağı, ince kıyılmış
- 1 çay kaşığı taze limon kabuğu rendesi

Talimatlar:

a) Küçük bir kapta dereotu sosu için tüm malzemeleri karıştırın. En az 15 dakika buzdolabına koyun.

b) Orta boy bir tencerede tavuk suyunu kaynatın. Pirinç, sarımsak, soğan ve beyaz biberi ekleyin ve hafifçe karıştırın.

c) Tencerenin kapağını kapatın ve pirinç tüm tavuk suyunu çekene kadar pişirin.

d) Et suyu nihayet emildiğinde, limon kabuğu rendesi ve suyunu ekleyin ve birleştirmek için iyice karıştırın. Kapağı geri koyun ve pirinci 5 dakika daha pişirin.

e) Büyük bir tavada zeytinyağını kısık ateşte ısıtın. Somonu kızartmadan önce tuz ve karabiberle tatlandırın. Somonu her bir tarafını 5-8 dakika veya istenen pişme derecesine gelene kadar pişirin.

f) Tavada kızartılmış somonu pilav ve sosla servis edin.

SOMON SALATALARI

75. Alaska somonu ve avokadolu makarna salatası

Verim: 4 porsiyon

Bileşen

- 6 ons Kuru makarna
- 1 kutu Alaska somonu
- 2 yemek kaşığı Fransız sosu
- 1 demet Yeşil soğan; ince dilimlenmiş
- 1 kırmızı dolmalık biber
- 3 yemek kaşığı Kişniş veya maydanoz; kıyılmış
- 2 yemek kaşığı Hafif mayonez
- 1 Kireç; suyu sıkılmış ve kabuğu rendelenmiş
- 1 yemek kaşığı Domates salçası
- 3 olgun avokado; doğranmış
- $\frac{1}{2}$ bardak Ekşi krema
- Servis için marul yaprakları
- tatmak için kırmızı biber

Talimatlar:

a) Makarnayı paketteki talimatlara göre pişirin. Süzün ve Fransız sos ile atın. Soğumaya bırakın. Somonu süzün ve pul haline getirin. Yeşil soğan, dilimlenmiş dolmalık biber ve kişniş ile birlikte makarnaya ekleyin.

b) Limon suyu ve rendelenmiş kabuk, mayonez, ekşi krema ve domates salçasını iyice birleşene kadar çırpın. Makarna salatasını sosla karıştırın. Tuz ve karabiberle tatlandırın; örtün ve soğutun. Servis yapmadan önce avokadoları yavaşça salataya atın.

c) Salatayı marul yapraklarından oluşan bir yatağın üzerine kaşıkla koyun. Süslemek için kırmızı biber serpin.

76. Alaska somon salatalı sandviç

Verim: 6 Sandviç

Bileşen

- 15½ ons Konserve Alaska somonu

- ⅓fincan Sade yağsız yoğurt

- ⅓bardak Doğranmış yeşil soğan

- ⅓fincan Kıyılmış kereviz

- 1 yemek kaşığı Limon suyu

- Karabiber; tatmak

- 12 dilim Ekmek

Talimatlar:

a) Drenaj ve pul somon. Biber ve ekmek hariç kalan malzemeleri karıştırın. Biberle tatlandırın.

b) Ekmek dilimlerinin yarısına somon karışımını yayın; kalan ekmekle doldurun. Sandviçleri ikiye veya dörde bölün.

c) 6 sandviç yapar.

77. Somon füme, salatalık ve makarna salatası

Verim: 3 Porsiyon

Bileşen

- 3 ons İnce spagetti; pişmiş
- $\frac{1}{2}$ Salatalık; dörde/dilimlenmiş
- 3 büyük dal taze dereotu
- 1 su bardağı yaprak marul; ısırık büyüklüğünde yırtılmış
- 1 veya 2 yeşil soğan, bazılarının üstleri; dilimlenmiş
- 3 ons Füme somon; pul pul dökülmüş (4'e kadar)
- $\frac{1}{4}$ fincan yağsız veya az yağlı ekşi krema
- 2 yemek kaşığı yağsız yoğurt; (ova)
- 1 yemek kaşığı Limon suyu
- 1 Domates; takozlar halinde
- Taze maydanoz dalları

Talimatlar:

a) Makarnayı kaynayan tuzlu suda haşlayın. Bu arada, salata malzemelerinin geri kalanını orta boy bir kasede birleştirin ve garnitür olarak kullanmak için birkaç parça somon balığı ayırın. Küçük kapta, sos malzemelerini birleştirin.

b) Soğuyan makarnayı diğer salata malzemeleriyle karıştırın. Pansumanı ekleyin ve karıştırmak için hafifçe fırlatın. Ayrılmış somon pulları, domates ve maydanozla süsleyin. Sakin olmak.

c) Servis saatinden 10 dakika önce buzdolabından çıkarın.

78. Sıcak patates salatası üzerine karamelize somon

Verim: 4 porsiyon

Bileşen

- 2 yemek kaşığı zeytinyağı
- $\frac{1}{2}$ pound öğütülmüş andouille sosis
- 2 su bardağı jülyen soğan
- 1 tuz; tatmak
- 1 taze çekilmiş karabiber; tatmak
- 1 yemek kaşığı kıyılmış sarımsak
- 2 pound beyaz patates; soyulmuş, küçük doğranmış,
- 1 ve yumuşayana kadar pişirilir
- $\frac{1}{4}$ bardak kreol hardalı
- $\frac{1}{4}$ su bardağı kıyılmış yeşil soğan; sadece yeşil kısım
- 8 somon fileto
- 1 batma patlaması
- 2 su bardağı toz şeker
- 2 yemek kaşığı ince kıyılmış taze maydanoz yaprağı

Talimatlar:

a) Büyük bir sote tavasında, orta ateşte bir çorba kaşığı yağ ekleyin.

b) Yağ kızınca salçayı ilave edin. Sosisleri 2 dakika kavurun. Soğanları ekleyin. Tuz ve karabiber serpin. Soğanları 4 dakika veya yumuşayana kadar soteleyin. Sarımsak ve patatesleri karıştırın.

c) Tuz ve karabiber serpin. 4 dakika sotelemeye devam edin. Hardal ve yeşil soğanları karıştırın. Ateşten alın ve bir kenara koyun. Bayou Blast ile somonun her iki tarafını da baharatlayın.

d) Somonu tamamen kaplayarak şekere bulayın. Kalan yağı iki büyük sote tavasında ısıtın. Somonu ekleyin ve her iki tarafını yaklaşık 3 dakika veya somon karamelleşene kadar pişirin.

e) Sıcak patates salatasını her bir tabağın ortasına koyun. Somonu salatanın üzerine dizin. Maydanozla süsleyin.

79. Dondurulmuş somon salatası

Verim: 6 Porsiyon

Bileşen

- 2 yemek kaşığı tatlandırılmamış jelatin
- $\frac{1}{4}$ bardak Soğuk su
- 1 su bardağı Kaynar su
- 3 yemek kaşığı Taze sıkılmış limon suyu
- 2 su bardağı Kuşbaşı somon
- $\frac{3}{4}$ fincan salata sosu veya mayonez
- 1 su bardağı doğranmış kereviz
- $\frac{1}{4}$ fincan doğranmış yeşil biber
- 1 çay kaşığı Kıyılmış soğan
- $\frac{1}{2}$ çay kaşığı Tuz
- 1 çizgi Biber

Talimatlar:

a) Jelatini soğuk suda yumuşatın; kaynar su ekleyin, ardından iyice soğutun. Limon suyu, somon balığı, salata sosu veya mayonez ve baharatları ekleyin.

b) Yağlanmış kalıba dökün ve sertleşene kadar soğutun. Verim: 6 porsiyon.

80. Serin somon severlerin salatası

Verim: 4 Porsiyon

Bileşen

- 1 pound Pişmiş kral veya koho somonu; parçalara ayrılmış
- 1 su bardağı dilimlenmiş kereviz
- $\frac{1}{2}$ su bardağı iri kıyılmış lahana
- $1\frac{1}{4}$ su bardağı Mayonez veya salata sosu; (1 1/2'ye kadar)
- $\frac{1}{2}$ su bardağı Tatlı turşu çeşnisi
- 1 yemek kaşığı Hazır yaban turpu
- 1 yemek kaşığı İnce kıyılmış soğan
- $\frac{1}{4}$ çay kaşığı Tuz
- 1 çizgi Biber
- Lahana Yaprakları; marul yaprakları veya hindiba
- Dilimlenmiş turp
- Dereotu-turşu dilimleri
- Rulo veya kraker

Talimatlar:

a) Büyük bir karıştırma kabı kullanarak somon, kereviz ve lahanayı hafifçe karıştırın.

b) Başka bir kapta mayonez veya salata sosu, turşu çeşnisi, yaban turpu, soğan, tuz ve karabiberi karıştırın. Somon karışımına ekleyin ve kaplamak için fırlatın. Salatayı örtün ve servis zamanına kadar soğutun (24 saate kadar).

c) Bir salata kasesini yeşilliklerle hizalayın. Somon karışımında kaşıkla. Turp ve dereotu turşusu ile doldurun. Salatayı rulo veya kraker ile servis edin.

d) 4 ana yemek porsiyonu yapar.

81. Dereotu somon salatası

Verim: 6 Porsiyon

Bileşen

- 1 su bardağı sade yağsız yoğurt

- 2 yemek kaşığı ince kıyılmış taze dereotu

- 1 yemek kaşığı Kırmızı şarap sirkesi

- Tuz ve taze çekilmiş karabiber

- 1 2 lb somon filetosu (1 "kalın) derisi ve sinirlerinden temizlenmiş

- 1 yemek kaşığı Kanola yağı

- $\frac{1}{2}$ çay kaşığı Tuz

- $\frac{1}{2}$ çay kaşığı Taze çekilmiş karabiber

- 1 orta boy Salatalık

- Kıvırcık yapraklı marul

- 4 olgun domates; ince dilimlenmiş

- 2 orta boy Kırmızı soğan; soyulmuş ve ince dilimlenmiş ve halkalara ayrılmış

- 1 Limon; uzunlamasına ikiye bölün ve ince dilimleyin

Talimatlar:

a) Sosu hazırlayın: Yoğurt, dereotu, sirke, tuz ve karabiberi karıştırın. soğutun. Salatayı yapın: Somonun her iki tarafına yağ, tuz ve karabiber serpin.

b) Izgarayı çok sıcak olana kadar ısıtın. Somonu ızgaraya koyun ve üstü kapalı olarak her bir tarafını yaklaşık $3\frac{1}{2}$ dakika pul pul olana kadar pişirin. Servis tabağına alıp en az 5 dakika dinlendirin. $\frac{1}{2}$ inçlik dilimler halinde kesin.

c) Somonu bir kaseye koyun ve sosla karıştırın. Örtün ve soğutun. Servis yapmadan hemen önce salatalığı soyun ve uzunlamasına ikiye bölün. Küçük bir kaşık kullanarak, tohumları çıkarmak için ortasını kazıyın. İnce dilimleyin.

d) Marul yapraklarıyla kaplı geniş bir tabağın ortasında höyük somon karışımı. Salatalık, domates, soğan ve limon dilimleri ile çevreleyin. İstenirse ilave dereotu ile süsleyin.

82. Çıtır otlar ve oryantal salata ile somon

verim: 1 Porsiyon

Bileşen

- 160 gram somon fileto
- 5 gram Çin Beş Baharat Tozu
- 15 mililitre Soya Sosu
- 10 gram Domates; doğranmış
- 2 çay kaşığı sirke
- 20 mililitre Zeytinyağı
- 40 gram Karışık Salata Yaprağı
- 5 gram Fesleğen, Kişniş, Maydanoz
- 10 gram Su Kestanesi; Dilimlenmiş
- 10 gram Soyulmuş Kırmızı ve Yeşil Biber; Julienned
- Tuz ve Karabiber
-

Talimatlar:

a) Somonu soya sosu ve beş baharatla marine edin. Tavada biraz zeytinyağında kızartın ve her iki tarafını da yavaş yavaş pişirin.

b) Salata yapraklarını giyin. Kestaneleri su ile kaplayın, üzerine somonu koyun ve biberle birlikte salata yapraklarını düzenleyin.

83. Ada somon salatası

Verim: 1 porsiyon

Bileşen

- 8 ons Somon veya diğer sert balık filetosu

- 1 yemek kaşığı Zeytinyağı

- 1 yemek kaşığı Kireç veya Limon suyu

- 1 çay kaşığı Cajun veya Jamaican Jerk çeşnisi

- 6 bardak Yırtık karışık yeşillik

- 2 orta boy Portakal; soyulmuş ve kesitli

- 1 su bardağı Çilek; ikiye bölünmüş

- 1 orta boy Avokado; ikiye bölünmüş, tohumlanmış, soyulmuş, dilimlenmiş

- 1 orta boy Mango; tohumlanmış, soyulmuş, dilimlenmiş

- $\frac{1}{4}$ fincan Kıyılmış Macadamia fıstığı veya Badem; tost

- tortilla topları

- Tarhun-Ayran Sosu

- Kireç kabuğu bukleler

Talimatlar:

a) Balığa fırçayla yağ sürün, misket limonu veya limon suyu ve baharat serpin. Yağlanmış bir ızgara sepetine yerleştirin. Her $\frac{1}{2}$" kalınlık için 4-6 dakika veya balık kolayca pul pul olana kadar ızgara yapın, bir kez çevirin. Balıkları ısırık büyüklüğünde parçalara ayırın.

b) Balıkları, yeşillikleri, portakalları, çilekleri, avokadoyu ve cevizi büyük bir karıştırma kabında birleştirin: karıştırmak için hafifçe karıştırın. Tortilla Kaselerine kaşıkla dökün ve sosu gezdirin.

c) İstenirse, her porsiyonu bir kireç kabuğu kıvrımıyla süsleyin.

84. Malezya bitkisel pirinç ve somon salatası

Verim: 1 porsiyon

Bileşen

- 400 gr taze somon
- 2 yemek kaşığı soya sosu
- 2 yemek kaşığı mirin
- 6 su bardağı Haşlanmış yasemin pirinci
- ½ fincan Kızarmış; rendelenmiş Hindistan cevizi
- 1 5 cm'lik parça zerdeçal; soyulmuş
- 1 adet 5 cm havlıcan; soyulmuş
- 3 yemek kaşığı balık sosu
- 2 küçük kırmızı biber; tohumlanmış ve kıyılmış
- 8 adet kafir misket limonu yaprağı
- ½ fincan Tay fesleğen
- ½ su bardağı Vietnam nanesi
- Servis için ekstra kızarmış hindistan cevizi.
- 1 adet olgun avokado; soyulmuş
- 1 kırmızı biber; kıyılmış
- 2 diş sarımsak; kıyılmış
- ¾ su bardağı zeytinyağı; (ışık)

- ⅓su bardağı limon suyu

- ¼ su bardağı limon suyu

- ½ fincan Tay fesleğen yaprağı

- 10 dal kişniş yaprağı ve sapı

Talimatlar:

a) Balık satıcısına somonun derisini çıkarmasını ve ardından sığ, cam bir tabağa koymasını sağlayın. Soya ve mirin karışımını balığın üzerine dökün ve 30 dakika marine edin. Bir ızgara tavasını veya ızgarayı ısıtın, ardından balığın dışı altın rengi olana ve içi tamamen pişene kadar her iki tarafı da yaklaşık 3 dakika pişirin. Serin.

b) Zerdeçal, havlıcan, kırmızı biber ve kaffir misket limonu yapraklarını çok ince bir şekilde jülyen doğrayın ve pişmiş pirinçle karıştırın. Kızarmış hindistancevizi, fesleğen ve naneyi ekleyip balık sosuyla karıştırın. Kenara koyun.

c) Giyinmeyi yap. Tüm malzemeleri bir mutfak robotunda kalınlaşana kadar püre haline getirin, pürüzsüz hale getirin, ardından sosları pirinç açık yeşil olana kadar pirincin içinden geçirin.

d) Pişmiş balığı pul pul doğrayın ve pirince ekleyin, dağıtmak için çok nazikçe karıştırın.

e) Salatayı kızarmış hindistancevizi ile süslenmiş oda sıcaklığında servis edin.

85. Naneli somon salatası

Verim: 4 Porsiyon

Bileşen

- 213 gram Konserve kırmızı alaska somonu

- Soyulmuş ve ikiye bölünmüş 2 olgun avokado

- 1 Kireç; sulu

- 25 gram Kıvırcık hindiba

- 50 gram Salatalık; soyulmuş ve doğranmış

- $\frac{1}{2}$ çay kaşığı Taze kıyılmış nane

- 2 yemek kaşığı Yunan yoğurdu

- Somon konservesini boşaltın, balığı büyük pullara ayırın, bir kenara koyun.

Talimatlar:

a) Avokado taşlarını çıkarın. Yuvarlak uçtan uzunlamasına dilimleyin. Dar uçtan tamamen kesmeyin.

b) Her bir parçayı 5 parçaya bölün, servis tabağına alın ve dilimleri yelpaze gibi yayın.

c) Kireç suyu ile fırçalayın.

d) Hindibayı tabaklara dizin ve üzerine somon pullarını yerleştirin.

e) Salatalık, nane ve yoğurdu karıştırın. Salatanın üzerine dökün.

f) Bir kerede servis yapın.

86. Patates salatası ile tavada kızartılmış somon

Verim: 1 porsiyon

Bileşen

- 250 gram Bebek taze patates
- 6 yemek kaşığı zeytinyağı
- Yarım limon; suyu
- 1 yemek kaşığı Tam tahıllı hardal
- 1 yemek kaşığı kıyılmış frenk soğanı
- 150 gram somon fileto
- 2 oz. balzamik sirke
- Birkaç damla acı biber sosu
- 25 gram fesleğen yaprağı
- Tuz ve taze çekilmiş karabiber

Talimatlar:

a) Patatesleri yumuşayana kadar 8-10 dakika pişirin. Bir çatalın arkasıyla kabaca ezin.

b) Püreye 2 yemek kaşığı sıvı yağ, limon suyu, hardal ve frenk soğanı ekleyin.

c) Cömertçe baharatlayın. Somon filetoyu baharatlayın ve tamamen pişene kadar her bir tarafını 1-2 dakika kızartın. 3 Balzamik sirkeyi şurup kıvamına getirin. Kalan yağı fesleğen yapraklarıyla karıştırın.

d) Servis yapmak için somonu bir yığın patates salatasının üzerine koyun ve üzerine balzamik redüksiyon, fesleğen yağı ve biber sosu gezdirin.

87. Makarna ve füme somon salatası

Verim: 4 Porsiyon

Bileşen

- $\frac{3}{4}$ pound Şeritler halinde kesilmiş somon füme
- 2 litre Su
- $\frac{3}{4}$ pound Linguini veya spagetti; kuru
- 2 yemek kaşığı Beyaz sirke
- $\frac{1}{2}$ su bardağı Soğan; ince doğranmış
- 1 su bardağı krem şanti
- $\frac{3}{4}$ fincan sek beyaz şarap
- 1 yemek kaşığı Dijon hardalı
- $\frac{1}{4}$ su bardağı rendelenmiş parmesan
- $\frac{1}{2}$ su bardağı taze maydanoz dalları

Talimatlar:

a) Suyu kaynatın, makarnayı yumuşayana kadar pişirin; boşaltmak.

b) Makarna pişerken, sirkeyi soğanla birlikte bir tavada yüksek ateşte sirke buharlaşana kadar yaklaşık 2 dakika kaynatın. Krema, şarap ve hardalı ekleyin. Sos 1-$\frac{3}{4}$ bardağa düşene kadar, üstü açık, sık sık karıştırarak kaynatın. Sıcak süzülmüş makarnayı ekleyin; sosla kaplamak için çatallarla kaldırın.

c) Makarna ve sosu 4 yemek tabağına eşit olarak bölün; her birine parmesan serpin. Her porsiyon makarnanın yanına somonları dizin, maydanozla süsleyin. Tuz ve karabiber serpin.

88. Somon ve kabak ile makarna salatası

Verim: 6 porsiyon

Bileşen

- 700 gram Makarna (herhangi bir çeşit)
- 500 gram somon füme
- 500 gram haşlanmış kabak
- 200 mililitre zeytinyağı
- 70 gram Maydanoz
- 50 mililitre Limon suyu
- Tuz ve biber

Talimatlar:

a) Somonu küpler halinde kesin. Makarnayı "al dente" pişirin, soğuk bırakın.

b) Hep birlikte karıştırın.

89. Soğuk haşlanmış somon salatası

Verim: 2 porsiyon

İçindekiler

- 1 yemek kaşığı kıyılmış kereviz

- 1 yemek kaşığı doğranmış havuç

- 2 yemek kaşığı kaba doğranmış soğan

- 2 su bardağı su

- 1 bardak beyaz şarap

- 1 defne yaprağı

- 1½ çay kaşığı tuz

- 1 limon; yarıdan kes

- 2 dal maydanoz

- 5 karabiber

- 9 ons orta kesimli somon fileto

- 4 su bardağı bebek ıspanak; temizlenmiş

- 1 yemek kaşığı limon suyu

- 1 çay kaşığı kıyılmış limon kabuğu rendesi

- 2 yemek kaşığı kıyılmış taze dereotu

- 2 yemek kaşığı kıyılmış taze maydanoz

- ½ su bardağı zeytinyağı

- 1½ çay kaşığı doğranmış arpacık

- 1 tuz; tatmak

- 1 taze çekilmiş karabiber; tatmak

Talimatlar

a) Sığ bir tavaya kereviz, havuç, soğan, şarap, su, defne yaprağı, tuz, limon, maydanoz ve karabiber koyun. Kaynatın, ısıyı azaltın ve somon parçalarını dikkatlice kaynayan sıvıya koyun, üzerini kapatın ve 4 dakika pişirin. Bu arada turşuyu yapın.

b) Bir kasede limon suyu, kabuğu rendesi, dereotu, maydanoz, zeytinyağı, arpacık soğanı, tuz ve karabiberi karıştırın. Marinadı tepkimeye girmeyen bir tavaya veya düz tabanlı ve pişmiş somonu koymak için yeterli alana sahip bir kaba dökün. Şimdi somonu tavadan çıkarın ve turşunun içine koyun. 1 saat soğumaya bırakın.

c) Ispanağı biraz marine edip tuz ve karabiberle tatlandırın ve iki servis tabağına paylaştırın. Oluklu bir spatula kullanarak ıspanağın üzerine somonu yerleştirin.

SOMON ÇORBALARI

90. somon sebze çorbası

Porsiyon: 4 porsiyon

İçindekiler

- 2 somon filetosu, derisi alınmış ve ısırık büyüklüğünde parçalar halinde kesilmiş
- 1 ½ bardak beyaz soğan, ince kıyılmış
- 1 ½ bardak tatlı patates, soyulmuş ve doğranmış
- 1 su bardağı brokoli çiçeği, küçük parçalar halinde kesilmiş
- 3 su bardağı tavuk suyu
- 2 su bardağı tam yağlı süt
- 2 yemek kaşığı çok amaçlı un
- 1 çay kaşığı kuru kekik
- 3 yemek kaşığı tuzsuz tereyağı
- 1 defne yaprağı
- Tatmak için biber ve tuz
- Düz maydanoz, ince kıyılmış

Talimatlar:

a) Doğranmış soğanı tuzsuz tereyağında şeffaflaşana kadar kavurun. Unu karıştırın ve tereyağı ve soğan ile iyice karıştırın. Tavuk suyu ve sütü ekleyin, ardından küp küp tatlı patates, defne yaprağı ve kekiği ekleyin.

b) Karışımı ara sıra karıştırarak 5-10 dakika kaynamaya bırakın.

c) Somon ve brokoli çiçeklerini ekleyin. Ardından 5-8 dakika pişirin.

d) Tuz ve karabiber ekleyin ve gerektiğinde tadı ayarlayın.

e) Küçük ayrı kaselere aktarın ve kıyılmış maydanozla süsleyin.

91. Kremalı somon çorbası

Verim: 4 Porsiyon

Bileşen

- 418 gram Konserve pembe Alaska somonu
- 3 Arpacık; doğranmış VEYA... Soğan, doğranmış
- 450 mililitre Sebze suyu
- 150 mililitre sek beyaz şarap
- 25 gram Tereyağı
- 25 gram Normal un
- 300 mililitre Yağsız süt
- 100 gram lor peyniri
- 4 yemek kaşığı Yunan yoğurdu
- Baharat

Talimatlar:

a) Somon konservesini boşaltın. Suyu soğan, et suyu ve şarapla birlikte bir kaseye koyun. YÜKSEK GÜÇ'te 10 dakika pişirin. 15 dakika bekletin.

b) Tereyağını HIGH POWER'da 30 saniye eritin. Unu ilave edin ve YÜKSEK GÜÇTE 30 saniye pişirin. Bir seferde 150ml / $\frac{1}{4}$ pint süt ekleyin.

c) İyice çırpın ve her ekleme arasında 1 dakika YÜKSEK GÜÇTE pişirin. Somon, peynir ve yoğurt ile süt karışımına stok ekleyin. Mevsim.

d) Bir karıştırıcıya aktarın. Pürüzsüz olana kadar püre yapın. ORTA GÜÇ'te 7 dakika tekrar ısıtın ve servis yapın.

92. İrlandalı füme somon yaz çorbası

Verim: 4 porsiyon

Bileşen

- 300 mililitre İyi Tavuk Suyu

- 20 gram Tereyağı

- 1 yemek kaşığı Çift Krema

- 12 Kuşkonmaz Mızrağı

- 1 Havuç; (küçük - doğranmış)

- 2 Çubuk Kereviz; (soyulmuş ve doğranmış)

- 1 Pırasa; (küçük - doğranmış)

- 8 Yeni Patates; (küçük - genç)

- 2 adet domates

- 4 dilim Somon Füme; (şeritler halinde kesin)

- 1 Adet Zeytinli Ekmek

- 50 gram İrlanda Keçi Peyniri

- 1 Yumurta Sarısı

- Karışık Otlar

Talimatlar:

a) Tavuk suyunu ısıtın ve patates, havuç, kereviz, pırasa ve kuşkonmaz başta olmak üzere tüm sebzeleri tek tek pişirin. Sebzeleri süzün ve stoğu ayırın.

b) Sebzeleri küçük çorba kaselerine/fincanlarına koyun. Üzerine şeritler halinde doğranmış domatesi ve füme somonu ekleyin.

c) Stoku tekrar ateşe koyun ve biraz tereyağı ve krema ile çırpın. Baharatlayın ve doğranmış otları ekleyin. Birkaç dakika demlenmeye bırakın.

d) Bu sırada yumurta sarısını 2 - 3 çay kaşığı kaynar su ile benmari usulü kıvamlı ve kremsi bir sabayon oluşana kadar çırpın.

e) Peyniri krutonların üzerine serpin ve peynir köpürmeye başlayana kadar sıcak ızgaranın altına koyun.

f) Sabayon'u et suyuna katlayın ve sebzelerin üzerine dökün. Krutonları üstüne koyun ve servis yapın.

93. peynirli somon çorbası

Verim: 1

Bileşen

- 4 yemek kaşığı Tereyağı

- 1 su bardağı Doğranmış soğan

- $\frac{1}{4}$ bardak Kıyılmış kereviz

- 1 su bardağı küp doğranmış patates

- $\frac{1}{4}$ çay kaşığı Beyaz biber

- $1\frac{1}{4}$ çay kaşığı Kekik

- $\frac{1}{4}$ çay kaşığı Dereotu

- 2 yemek kaşığı Un

- $\frac{1}{8}$ ons Haşlanmış domates konservesi

- 3 bardak Süt

- $7\frac{3}{4}$ ons Konserve somon

- 2 yemek kaşığı Maydanoz

- 1 su bardağı rendelenmiş Monterey jack peyniri

Talimatlar:

a) 2 yemek kaşığı tereyağını eritin, kerevizi ve soğanı soteleyin. Patatesleri ve üzerini geçecek kadar su ilave edip patatesler yumuşayıncaya kadar pişirin.

b) Kalan 2 yemek kaşığı tereyağını eritin; Bir meyane yapmak için 2 yemek kaşığı unu karıştırın. Patateslere roux ve buharlaştırılmış süt ekleyin.

c) Sürekli karıştırarak orta ateşte koyulaşana kadar ısıtın. Baharatları, somonu ve domatesleri ekleyin.

d) Buharlaşana kadar ısıtın. Kaynatmayınız. Servis yapmadan hemen önce peynir ekleyin.

94. Somonlu patates peynir çorbası

Verim: 6 porsiyon

Bileşen

- $\frac{1}{4}$ su bardağı Tereyağı veya margarin

- 1 büyük Soğan - ince dilimlenmiş

- $1\frac{1}{4}$ su bardağı Kereviz -doğranmış

- $3\frac{1}{2}$ su bardağı Patates - çiğ dilimlenmiş

- 1 su bardağı tavuk suyu

- 3 bardak Süt - bölünmüş

- Oda sıcaklığı

- 1 su bardağı Yarım buçuk

- 2 su bardağı Keskin çedar peyniri, Rendelenmiş

- 1 çay kaşığı Kuru kekik

- 1 çay kaşığı Worcestershire sosu

- 1 kutu Somon, çorap gözü, İyi süzülmüş, kemikleri ve derisi alınmış

- 1 çizgi Tuz

- 1 çizgi Biber

- kıyılmış maydanoz

Talimatlar:

a) 2 qt'de. tencerede tereyağını eritin ve soğanı ve kerevizi yumuşayana kadar ama kahverengileşmeden soteleyin. Patates ve tavuk suyu ekleyin; örtün ve patatesler yumuşayana kadar kısık ateşte pişirin. Patates karışımını 2 bardak süt ile bir karıştırıcıda püre haline getirin.

b) Tencereye dönün; kalan 1 su bardağı süt, krema, peynir, kekik,

c) Worcestershire sosu ve somon. Kısık ateşte ısıtın, sıcak olana kadar sık sık karıştırın. Tuz ve karabiber serpin. Kıyılmış maydanozla süsleyin. Verim: 6 porsiyon.

95.   Somon füme soslu patates çorbası

Verim: 4 porsiyon

Bileşen

- $\frac{1}{2}$ Çubuk tuzsuz tereyağı
- $1\frac{1}{4}$ pound Sarı soğan, ince dilimlenmiş
- 3 kaburga kereviz, doğranmış
- Tuz
- Cayenne
- Taze çekilmiş karabiber
- 1 defne izni
- 3 yemek kaşığı Kıyılmış sarımsak
- 10 su bardağı tavuk suyu
- 2 pound Fırında patates, soyulmuş
- $\frac{1}{4}$ bardak Ağır krema
- $\frac{1}{2}$ pound Füme somon, jülyen
- $\frac{1}{4}$ fincan kırmızı soğan
- 2 yemek kaşığı Kıyılmış frenk soğanı
- Ekstra bakire çiselemesi
- Zeytin yağı

Talimatlar:

a) Orta-yüksek ateşte 6 litrelik bir tencerede tereyağını eritin. Soğan ve kereviz ekleyin. Tuz, kırmızı biber ve karabiberle tatlandırın, sebzeler yumuşayana ve hafif altın sarısı olana kadar yaklaşık 8 dakika karıştırın.

b) 2 dakika karıştırarak defne yaprağını ve sarımsağı ekleyin. Et suyu ve patatesleri ekleyin ve karışımı kaynatın.

c) Isıyı orta seviyeye düşürün ve patatesler çok yumuşak olana ve karışım kalın ve kremsi olana kadar yaklaşık 1 saat pişirin.

d) Çorbayı ocaktan alın. Defne yaprağını atın. El blenderi ile pürüzsüz olana kadar püre haline getirin. Yavaş yavaş kremayı ekleyin. Karıştırmak için karıştırın. Çorbayı yeniden baharatlayın. Küçük bir karıştırma kabında somon, kırmızı soğan ve frenk soğanı birleştirin.

e) Lezzeti nemlendirmek için yeterli yağ ile gezdirin. Lezzeti karabiberle tatlandırın. Servis yapmak için çorbayı ayrı kaselere koyun.

f) Çorbayı lezzetle süsleyin.

96. somon-patates çorbası

Verim: 4 Porsiyon

Bileşen

- 2 su bardağı tavuk suyu
- $\frac{1}{2}$ çay kaşığı Kuru hardal
- $\frac{1}{4}$ çay kaşığı Biber
- 1 orta boy Soğan, dilimlenmiş ve ayrılmış
- halkalara
- $1\frac{1}{2}$ pound Yeni patates (10 ila 12), kesilmiş
- 1/2-inç dilimler halinde
- 1 pound Somon veya diğer yağlı balıklar
- Filetolar, derisi alınmış ve kesilmiş
- 4 servis parçasına
- 1 su bardağı Yarım buçuk
- 4 çay kaşığı Kıyılmış taze maydanoz

Talimatlar:

a) Et suyu, hardal ve biberi Hollanda fırınında kaynama noktasına kadar ısıtın. Soğan ve patatesleri ekleyin. Somonları patateslerin üzerine dizin. Kaynayana kadar ısıtın, ısıyı azaltın. Örtün ve 10 ila 15 dakika veya balık çatalla kolayca pul pul dökülene ve patatesler yumuşayana kadar pişirin. Hollandalı fırına yarım buçuk dökün.

b) Sıcak olana kadar ısıtın. Çorbayı sığ kaselere servis edin ve her kaseye 1 parça somon koyun. Her porsiyona 1 çay kaşığı maydanoz serpin.

c) Arzuya göre üzerine pul biber serperek servis yapın.

97. Açık somon çorbası

Verim: 6 porsiyon

Bileşen

- 6 su bardağı Su

- 1½ pound Smelts, bütün; iyi temizlenmiş

- 1 Soğan, med

- 1 Havuç, büyük; soyulmuş dörde bölünmüş

- 1 Pırasa (sadece beyazı)

- 1 Kereviz sapı; yapraklarla

- 1 yaban havucu; soyulmuş

- 1 buket garnitür

- Tuz; tatmak

- 1 pound Somon süslemeleri

- ¾ bardak Şarap, beyaz, sek

- 3 Patates, yeni

- 2 Havuç, ince; soyulmuş

- 1 yumurta akı

- 1 Yumurta kabuğu; ezilmiş

- 1 kilo Somon fileto, derisi alınmış

- 5 yemek kaşığı Taze Soğan; kıyılmış

- Limon dilimleri, ince

Talimatlar:

a) Büyük bir tencereye suyu, eriği, soğanı, dörde bölünmüş havucu, pırasayı, kerevizi, yaban havucunu, buket garniyi ve tuz ve biberi koyun ve yüksek ateşte kaynatın, yükselen köpüğü periyodik olarak alın. tepe.

b) Tencereyi kapatın, ısıyı azaltın ve 35 dakika pişirin. Stoku ince bir süzgeçten geçirerek temiz bir tencereye süzün, mümkün olduğunca fazla sıvı çıkarmak için katıları bir kaşığın arkasıyla bastırın. Katıları atın.

c) Et suyunu tekrar ısıtın ve somon kırpıntılarını, şarabı, patatesleri ve ince havuçları ekleyin. Bir kaynamaya getirin, ardından ısıyı düşük seviyeye indirin ve üstü kapalı olarak sebzeler yumuşayana kadar yaklaşık 25 dakika pişirin. Patates ve havuç dışındaki tüm katıları atarak suyu temiz bir tencereye süzün.

d) Patatesleri ve havuçları ezmemeye dikkat ederek yıkayın ve kenara alın. Stoku düşük ısıya getirin ve birkaç dakika pişirin. Yumurta akı ve kabuğunu ekleyin ve ısıyı orta yüksekliğe yükseltin.

e) Bir çırpma teli ile sürekli çırparak kaynatın. Stok kaynadığında, yumurta akı yüzeye çıkmaya başlayacaktır. Bu noktada, ısıyı kapatın ve beş dakika bekletin. Bir kevgir içine iki kat nemlendirilmiş tülbent koyun ve suyu temiz bir tencereye süzün.

f) Balık filetolarını et suyuna ekleyin ve tamamen pişene kadar orta kısık ateşte haşlayın; Beş dakika. Baharatları tadın ve ayarlayın. Ayrılmış patatesleri ikiye bölün ve dilimler halinde kesin. Havuçları ince zarlar halinde kesin.

g) Balık filetolarını altı çorba kasesine paylaştırın. Her kaseye birkaç dilim patates ve doğranmış havuç ekleyin. Stoku kaselere koyun, taze soğan serpin ve limon dilimleri ile süsleyin.

TATLI

98. Otlu Somon Kek

Porsiyon: 8 porsiyon

İçindekiler:

- 3 kutu Atlantik/pembe somon, iyice süzülmüş
- 1 büyük kırmızı soğan, ince kıyılmış
- $\frac{1}{2}$ fincan ekmek kırıntısı
- 2 yemek kaşığı frenk soğanı, ince kıyılmış
- 2 yemek kaşığı maydanoz, ince kıyılmış
- 1 yemek kaşığı taze soğan, ince kıyılmış
- 2 yemek kaşığı kırmızı dolmalık biber, ince kıyılmış
- 2 yemek kaşığı yeşil dolmalık biber, ince kıyılmış
- 2 çay kaşığı Dijon hardalı
- Tatmak için biber ve tuz
- 2 büyük yumurta, hafifçe çırpılmış
- Kızartma için bitkisel yağ

Talimatlar:

a) Büyük bir kapta, tüm malzemeleri boşaltın ve iyice karıştırın.

b) Karışımı yaklaşık 10 dakika buzdolabına koyun.

c) Somon karışımı biraz sertleştiğinde, karışımdan bir yemek kaşığı elinize alın ve bir köfte şekli verin. Tüm köfteler şekillenene kadar bu yöntemi tekrarlayın.

d) Düşük ila orta ateşte, büyük bir tavayı ısıtın ve kızartmak için bitkisel yağ ekleyin. Köfteleri her iki tarafta yaklaşık 2-3 dakika veya altın rengi kahverengi olana kadar kızartın. Kağıt havlu kullanarak onları boşaltın.

e) Kendi seçeceğiniz kremalı sos ile servis yapın.

99. somon somun

Verim: 4

Bileşen

- 1 yumurta -- çırpılmış
- 14 ons konserve somon
- $\frac{1}{2}$ c taze ekmek kırıntısı
- 6 taze mantar
- 1 TB limon suyu
- 1 çay kaşığı rendelenmiş limon kabuğu
- $\frac{1}{2}$ çay kaşığı Cajun baharatı
- sebze pişirme spreyi

Talimatlar:

a) Küçük somun tavasını pişirme spreyi ile püskürtün.

b) Somon karışımını tavaya koyun ve somun dilimlenene kadar 375F'de 40 dakika pişirin.

100. alaska deniz ürünleri turtaları

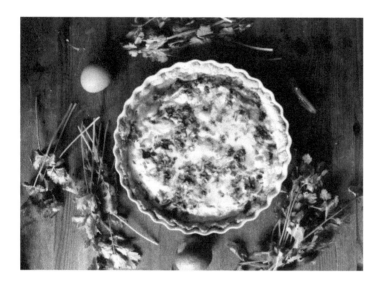

Verim: 6 Porsiyon

Bileşen

- 418 gram Konserve alaska somonu
- 350 gram paket yufka
- 3 yemek kaşığı ceviz yağı
- 15 gram Margarin
- 25 gram Normal un
- 2 yemek kaşığı Yunan yoğurdu
- 175 gram deniz ürünleri çubukları; kıyılmış
- 25 gram ceviz, doğranmış
- 100 gram rendelenmiş Parmesan

Talimatlar:

a) Her bir yufka yaprağını yağla yağlayın ve on altı adet 12,5 cm / 5 inç kareye katlayın. Sivri köşeleri kenardan dışarı çıkacak şekilde her bir pasta tabağına bir kare koyun.

b) Fırçayla yağ sürün, ardından birinci karenin üzerine ikinci bir kare hamur koyun, ancak nilüfer etkisi yaratmak için köşeleri orijinal karelerin arasına gelecek şekilde.

c) Fırın sıcaklığını 150 C, 300 F, Gaz işareti 2'ye düşürün. Margarini eritin ve unu ilave edin. Topakları çıkarmak için iyice çırparak balık suyunu karıştırın.

d) Yoğurdu, balık çubuklarını, cevizi ve kuşbaşı somonu sosa ilave edin ve 8 yufkanın arasına eşit olarak paylaştırın.

e) En üste galeta unu serpin ve 5-8 dakika ısıtmak için fırına geri dönün.

ÇÖZÜM

Taze veya dondurulmuş, somonu seviyoruz! Her ne kadar taze olanın her zaman en lezzetli olduğunu kabul etmemiz gerekse de. Dürüst olmak gerekirse, bu tarifler için hangi türü kullandığınız önemli değil.

Ayrıca somon süper sağlıklıdır çünkü tırnaklarınız, cildiniz, saçlarınız vb.

CPSIA information can be obtained
at www.ICGtesting.com
Printed in the USA
LVHW080743050223
738616LV00031B/1329